Angelo Chiuchiù • Giuseppe Asciak Pace
Marion Asciak Pace

Italiano e latino in chiesa

goWare

L'ebook è molto di +
Seguici su facebook, twitter, ebook extra

ISBN 978-88-6797-481-8

Redazione: goWare ebook team
Copertina: Lorenzo Puliti

goWare è una startup fiorentina specializzata in digital publishing

Fateci avere i vostri commenti a: info@goware-apps.it

Blogger e giornalisti possono richiedere una copia saggio a Maria Ranieri: mari@goware-apps.com

In copertina: Giotto, *Ingresso a Gerusalemme*, Cappella degli Scrovegni, Padova

I brani audio accessibili tramite i codici QR inseriti nel testo sono stati recitati dall'attore Marco Brancato e sono introdotti da un commento musicale curato dal M° Stefano Ragni. I brani audio in latino sono letti da Padre Maurizio Verde.

◇ Introduzione

Italiano in chiesa è un testo di riferimento dedicato alla presentazione del sottocodice religioso.
Le diverse sezioni attraversano i contesti d'uso quotidiani dei religiosi o degli studiosi di teologia che, oltre a imparare la lingua italiana e il latino, necessitano di lessico specifico per raggiungere gli obiettivi comunicativi propri dell'ambito religioso.

Il volume è suddiviso in aree dedicate a:

- preghiere (anche in latino);
- messa (anche in latino);
- canti religiosi;
- catechismo;
- linguaggio scritturale;
- organizzazione gerarchica;
- feste principali, fisse e mobili;
- oggettistica sacra.

Le sezioni dedicate alle preghiere e alla messa comprendono le registrazioni di tutti i testi.
Il lessico descrittivo dell'oggettistica sacra è presentato in modo facilmente comprensibile grazie alle numerosissime immagini.
Completa il volume un glossario essenziale italiano-inglese.

Gli autori

Giotto, *Compianto sul Cristo morto* (particolare)
Padova, Cappella degli Scrovegni

◇ Preghiere [italiano]

Giotto, *Ritorno di Maria e San Giuseppe dal tempio* (particolare)
Padova, Cappella degli Scrovegni

Segno della croce

Nel nome del Padre e del Figlio e dello Spirito Santo.
Amen

[Ascolta]

Padre nostro

Padre nostro, che sei nei cieli, sia santificato il tuo nome, venga il tuo regno, sia fatta la tua volontà, come in cielo così in terra.
Dacci oggi il nostro pane quotidiano, e rimetti a noi i nostri debiti come noi li rimettiamo ai nostri debitori, e non ci indurre in tentazione, ma liberaci dal male.
Amen

[Ascolta]

Ave Maria

Ave, o Maria, piena di grazia, il Signore è con te. Tu sei benedetta fra le donne e benedetto è il frutto del tuo seno, Gesù. Santa Maria, madre di Dio, prega per noi peccatori, adesso e nell'ora della nostra morte. *Amen*

[Ascolta]

Gloria al Padre

Gloria al Padre e al Figlio e allo Spirito Santo. Come era nel principio, ora e sempre, nei secoli dei secoli.
Amen

[Ascolta]

L'eterno riposo

L'eterno riposo dona loro, o Signore, e splenda ad essi la luce perpetua. Riposino in pace. *Amen*

[Ascolta]

Angelus

L'angelo del Signore portò l'annunzio a Maria
Ed ella concepì per opera dello Spirito Santo. Ave Maria...
Eccomi, sono la serva del Signore.
Si compia in me la tua parola. Ave Maria...
E il Verbo si fece carne.
E venne ad abitare in mezzo a noi. Ave Maria...
Prega per noi, santa Madre di Dio.
Perché siamo resi degni delle promesse di Cristo.

Preghiamo

Infondi nel nostro spirito la tua grazia, o Padre; tu, che nell'annunzio dell'angelo ci hai rivelato l'incarnazione del tuo Figlio, per la sua passione e la sua croce guidaci alla gloria della risurrezione. Per Cristo nostro Signore.
Amen
Gloria al Padre...

[Ascolta]

Regina del cielo

Regina dei cieli, rallegrati, alleluia.
Cristo, che hai portato nel grembo, alleluia,
è risorto, come aveva promesso, alleluia.
Prega il Signore per noi, alleluia.
Rallegrati, Vergine Maria, alleluia.
Il Signore è veramente risorto, alleluia.

Preghiamo

O Dio, che nella gloriosa risurrezione del tuo Figlio hai ridato la gioia al mondo intero, per intercessione di Maria Vergine, concedi a noi di godere la gioia della vita senza fine. Per Cristo nostro Signore. *Amen*

[Ascolta]

Rosario

Misteri della gioia *(da recitare lunedì e sabato)*
L'annuncio dell'Angelo a Maria.
La visita di Maria a Elisabetta.
La nascita di Gesù a Betlemme.
La presentazione di Gesù al Tempio.
Il ritrovamento di Gesù nel Tempio.

Misteri della luce *(da recitare giovedì)*
Il battesimo di Gesù al Giordano.
L'autorivelazione di Gesù alle nozze di Cana.
L'annuncio del Regno di Dio con l'invito alla conversione.
La trasfigurazione di Gesù sul Tabor.
L'istituzione dell'Eucaristia.

Misteri del dolore *(da recitare martedì e venerdì)*
Gesù nell'orto degli ulivi.
Gesù flagellato alla colonna.
Gesù è coronato di spine.
Gesù sale al Calvario.
Gesù muore in croce.

Misteri della gloria *(da recitare mercoledì e domenica)*
Gesù risorge dalla morte.
Gesù ascende al cielo.
La discesa dello Spirito Santo.
L'assunzione di Maria al cielo.
Maria, Regina del cielo e della terra.

Prega per noi santa Madre di Dio.
Affinché siamo fatti degni delle promesse di Cristo.

Preghiamo
O Dio, il tuo unico Figlio ci ha acquistato con la sua vita, morte e risurrezione i beni della salvezza eterna: concedi a noi che, venerando questi misteri del santo Rosario della Vergine Maria, imitiamo ciò che contengono e otteniamo ciò che promettono. Per Cristo nostro Signore. *Amen*

[Ascolta]

Salve Regina

Salve, Regina, madre di misericordia, vita, dolcezza e speranza nostra, salve. A te ricorriamo, esuli figli di Eva; a te sospiriamo, gementi e piangenti in questa valle di lacrime. Orsù dunque, avvocata nostra, rivolgi a noi gli occhi tuoi misericordiosi. E mostraci, dopo questo esilio, Gesù, il frutto benedetto del tuo seno. O clemente, o pia, o dolce Vergine Maria!

[Ascolta]

Credo

Credo in un solo Dio, Padre onnipotente, creatore del cielo e della terra, di tutte le cose visibili e invisibili. Credo in un solo Signore, Gesù Cristo, unigenito Figlio di Dio, nato dal Padre prima di tutti i secoli. Dio da Dio, Luce da Luce, Dio vero da Dio vero; generato, non creato; della stessa sostanza del Padre; per mezzo di lui tutte le cose sono state create. Per noi uomini e per la nostra salvezza discese dal cielo; e per opera dello Spirito Santo si è incarnato nel seno della Vergine Maria e si è fatto uomo. Fu crocifisso per noi sotto Ponzio Pilato, morì e fu sepolto. Il terzo giorno è risuscitato, secondo le Scritture; è salito al cielo, siede alla destra del Padre. E di nuovo verrà, nella gloria, per giudicare i vivi e i morti, e il suo regno non avrà fine. Credo nello Spirito Santo, che è Signore e dà la vita, e procede dal Padre e dal Figlio e con il Padre e il Figlio è adorato e glorificato e ha parlato per mezzo dei profeti. Credo la Chiesa, una, santa, cattolica e apostolica. Professo un solo battesimo per il perdono dei peccati. Aspetto la risurrezione dei morti e la vita del mondo che verrà. *Amen*

[Ascolta]

Magnificat

L'anima mia magnifica il Signore e il mio spirito esulta in Dio, mio salvatore, perché ha guardato l'umiltà della sua serva. D'ora in poi tutte le generazioni mi chiameranno beata. Grandi cose ha fatto in me l'Onnipotente e santo è il suo nome: di generazione in generazione la sua misericordia si stende su quelli che lo temono. Ha spiegato la potenza del suo braccio, ha disperso i superbi nei pensieri del loro cuore; ha rovesciato i potenti dai troni, ha innalzato gli umili; ha ricolmato di beni gli affamati, ha rimandato i ricchi a mani vuote.
Ha soccorso Israele, suo servo, ricordandosi della sua misericordia, come aveva promesso ai nostri padri, ad Abramo e alla sua discendenza, per sempre.
Gloria al Padre e al Figlio e allo Spirito Santo. Come era nel principio, e ora e sempre nei secoli dei secoli.
Amen

[Ascolta]

Il cantico di Zaccaria

Benedetto il Signore Dio d'Israele,
perché ha visitato e redento il suo popolo,
e ha suscitato per noi una salvezza potente
nella casa di Davide, suo servo,
come aveva promesso
per bocca dei suoi santi profeti d'un tempo:
salvezza dai nostri nemici,
e dalle mani di quanti ci odiano.
Così egli ha concesso misericordia ai nostri padri
e si è ricordato della sua santa alleanza,
del giuramento fatto ad Abramo, nostro padre,
di concederci, liberati dalle mani dei nemici,
di servirlo senza timore, in santità e giustizia
al suo cospetto, per tutti i nostri giorni.
E tu, bambino [Giovanni Battista], sarai chiamato profeta dell'Altissimo
perché andrai innanzi al Signore a preparargli le strade,
per dare al suo popolo la conoscenza della salvezza
nella remissione dei suoi peccati,
grazie alla bontà misericordiosa del nostro Dio,
per cui verrà a visitarci dall'alto un sole che sorge
per rischiarare quelli che stanno nelle tenebre e nell'ombra della morte e dirigere i nostri passi sulla via della pace.

[Ascolta]

Te Deum

Noi ti lodiamo, Dio, ti proclamiamo Signore.
O eterno Padre, tutta la terra ti adora.
A te cantano gli angeli e tutte le potenze dei cieli:
santo, santo, santo il Signore Dio dell'universo.
I cieli e la terra sono pieni della tua gloria.
Ti acclama il coro degli apostoli e la candida schiera dei martiri;
le voci dei profeti si uniscono nella tua lode;
la santa Chiesa proclama la tua gloria,
adora il tuo unico Figlio, e lo Spirito Santo Paraclito.
O Cristo, re della gloria, eterno Figlio del Padre,
tu nascesti dalla Vergine Madre per la salvezza dell'uomo.
Vincitore della morte, hai aperto ai credenti il regno dei cieli.
Tu siedi alla destra di Dio, nella gloria del Padre.
Verrai a giudicare il mondo alla fine dei tempi.
Soccorri i tuoi figli, Signore, che hai redento col tuo sangue prezioso.
Accoglici nella tua gloria nell'assemblea dei santi.
Salva il tuo popolo, Signore, guida e proteggi i tuoi figli.
Ogni giorno ti benediciamo, lodiamo il tuo nome per sempre.
Degnati oggi, Signore, di custodirci senza peccato.
Sia sempre con noi la tua misericordia: in te abbiamo sperato.
Pietà di noi, Signore, pietà di noi.
Tu sei la nostra speranza, non saremo confusi in eterno.

[Ascolta]

Giotto, *L'adorazione dei magi*
Padova, Cappella degli Scrovegni

La Via della Croce

Prima stazione – *Gesù è condannato a morte*

Ti adoriamo, o Cristo, e ti benediciamo.
Perché con la tua santa croce hai redento il mondo.

Lettura (Mc 15, 9-15)
Allora Pilato rispose loro: "Volete che vi rilasci il re dei Giudei?". Sapeva infatti che i sommi sacerdoti glielo avevano consegnato per invidia. Ma i sommi sacerdoti sobillarono la folla perché egli rilasciasse loro piuttosto Barabba. Pilato replicò: "Che farò dunque di quello che voi chiamate il re dei Giudei?". Ed essi di nuovo gridarono : "Crocifiggilo!". Ma Pilato diceva loro: "Che male ha fatto?". Allora essi gridarono più forte: "Crocifiggilo!". E Pilato, volendo dar soddisfazione alla moltitudine, rilasciò loro Barabba e, dopo aver fatto flagellare Gesù, lo consegnò perché fosse crocifisso.

[Ascolta]

Seconda stazione – *Gesù è caricato della croce*

Ti adoriamo, o Cristo, e ti benediciamo.
Perché con la tua santa croce hai redento il mondo.

Lettura (Mt 27, 28-31)
Spogliatolo, gli misero addosso un manto scarlatto e, intrecciata una corona di spine, gliela posero in capo, con una canna nella destra; poi mentre gli si inginocchiavano davanti, lo schernivano: "Salve, re dei Giudei!". E sputandogli addosso, gli tolsero di mano la canna e lo percuotevano sul capo. Dopo averlo così schernito, lo spogliarono del mantello, gli fecero indossare i suoi vestiti, e lo portarono via per crocifiggerlo.

[Ascolta]

Terza stazione – *La prima caduta*

Ti adoriamo, o Cristo, e ti benediciamo.
Perché con la tua santa croce hai redento il mondo.

Lettura (Eb 10, 32-35)
Richiamate alla memoria quei primi giorni nei quali, dopo essere stati illuminati, avete dovuto sopportare una grande e penosa lotta, ora esposti pubblicamente a insulti e tribolazioni, ora facendovi solidali con coloro che venivano trattati in questo modo. Infatti avete preso parte alle sofferenze dei carcerati e avete accettato con gioia di essere spogliati delle vostre sostanze, sapendo di possedere beni migliori e più duraturi. Non abbandonate dunque la vostra fiducia, alla quale è riservata una grande ricompensa.

[Ascolta]

Quarta stazione – *L'incontro con la madre*

Ti adoriamo, o Cristo, e ti benediciamo.
Perché con la tua santa croce hai redento il mondo.

Lettura (Gv 19, 25-27)
Stavano presso la croce di Gesù sua madre, la sorella di sua madre, Maria di Cleofa e Maria di Magdala. Gesù allora, vedendo la madre e lì accanto a lei il discepolo che egli amava, disse alla madre: "Donna, ecco il tuo figlio!". Poi disse al discepolo: "Ecco la tua madre!". E da quel momento il discepolo la prese nella sua casa.

[Ascolta]

Quinta stazione – *Gesù è aiutato dal Cireneo*

Ti adoriamo, o Cristo, e ti benediciamo.
Perché con la tua santa croce hai redento il mondo.

Lettura (Mt 27, 32)
Mentre uscivano, incontrarono un uomo di Cirene, chiamato Simone, e lo costrinsero a prender su la croce di lui.

[Ascolta]

Sesta stazione – *La Veronica asciuga il volto di Gesù*

Ti adoriamo, o Cristo, e ti benediciamo.
Perché con la tua santa croce hai redento il mondo.

Lettura (Mt 5, 14-16)

Voi siete la luce del mondo; non può restare nascosta una città collocata sopra un monte, né si accende una lucerna per metterla sotto il moggio, ma sopra il lucerniere perché faccia luce a tutti quelli che sono nella casa. Così risplenda la vostra luce davanti agli uomini, perché vedano le vostre opere buone e rendano gloria al vostro Padre che è nei cieli.

[Ascolta]

Settima stazione – *La seconda caduta*

Ti adoriamo, o Cristo, e ti benediciamo.
Perché con la tua santa croce hai redento il mondo.

Lettura (Rm 8, 16-18)

Lo Spirito stesso attesta al nostro spirito che siamo figli di Dio. E se siamo figli, siamo anche eredi: eredi di Dio, coeredi di Cristo, se veramente partecipiamo alle sue sofferenze per partecipare anche alla sua gloria. Io ritengo, infatti, che le sofferenze del momento presente non sono paragonabili alla gloria futura che dovrà esser rivelata in noi.

[Ascolta]

Ottava stazione – *Le donne in pianto*

Ti adoriamo, o Cristo, e ti benediciamo.
Perché con la tua santa croce hai redento il mondo.

Lettura (Lc 23, 27-28)

Lo seguiva una gran folla di popolo e di donne che si battevano il petto e facevano lamenti su di lui. Ma Gesù, voltandosi verso le donne disse: "Figlie di Gerusalemme, non piangete su di me, ma piangete su voi stesse e sui vostri figli".

[Ascolta]

Nona stazione – *La terza caduta*

Ti adoriamo, o Cristo, e ti benediciamo.
Perché con la tua santa croce hai redento il mondo.

Lettura (1Pt 4, 12-14)

Carissimi, non siate sorpresi per l'incendio di persecuzione che si è acceso in mezzo a voi per provarvi, come se vi accadesse qualcosa di strano. Ma nella misura in cui partecipate alle sofferenze di Cristo, rallegratevi, perché anche nella rivelazione della sua gloria possiate rallegrarvi ed esultare. Beati voi, se venite insultati per il nome di Cristo, perché lo Spirito della gloria e lo Spirito di Dio riposa su di voi.

[Ascolta]

Decima stazione – *La spogliazione*

Ti adoriamo, o Cristo, e ti benediciamo.
Perché con la tua santa croce hai redento il mondo.

Lettura (Gv 19, 23-24)

I soldati, poi, quando ebbero crocifisso Gesù, presero le sue vesti e ne fecero quattro parti, una per ciascun soldato, e la tunica. Ora quella tunica era senza cucitura, tessuta tutta d'un pezzo da cima a fondo. Perciò dissero tra loro: non stracciamola ma tiriamo a sorte a chi tocca. Così si adempiva la Scrittura: si son divise tra loro le mie vesti e sulla mia tunica han gettato la sorte.

[Ascolta]

Undicesima stazione – *La crocifissione*

Ti adoriamo, o Cristo, e ti benediciamo.
Perché con la tua santa croce hai redento il mondo.

Lettura (Lc 23, 33-38)

Quando giunsero al luogo detto Cranio, là crocifissero lui e i due malfattori, uno a destra e l'altro a sinistra. Gesù diceva: "Padre, perdonali, perché non sanno quello cha fanno". Il popolo stava a vedere, i capi invece lo schernivano dicendo: "Ha salvato gli altri, salvi se stesso, se è il Cristo di Dio, il suo eletto". Anche i soldati lo schernivano, e gli si accostavano per porgergli dell'aceto, e dicevano: "Se tu sei il re dei Giudei, salva te stesso". C'era anche una scritta, sopra il suo capo: Questi è il re dei Giudei.

[Ascolta]

Dodicesima stazione – *La morte*

Ti adoriamo, o Cristo, e ti benediciamo.
Perché con la tua santa croce hai redento il mondo.

Lettura (Mt 27, 45-50)
Da mezzogiorno fino alle tre del pomeriggio si fece buio su tutta la terra. Verso le tre, Gesù gridò a gran voce: "Elì, Elì, lemà sabactàni?", che significa: "Dio mio, Dio mio, perché mi hai abbandonato?". Udendo questo, alcuni dei presenti dicevano: "Costui chiama Elia". E subito uno di loro corse a prendere una spugna e, imbevutala di aceto, la fissò su una canna e così gli dava da bere. Gli altri dicevano: "Lascia, vediamo se viene Elia a salvarlo!". E Gesù, emesso un alto grido, spirò.

[Ascolta]

Tredicesima stazione – *La deposizione*

Ti adoriamo, o Cristo, e ti benediciamo.
Perché con la tua santa croce hai redento il mondo.

Lettura (Lc 23, 50-53)
C'era un uomo di nome Giuseppe, membro del sinedrio, persona buona e giusta. Non aveva aderito alla decisione e all'operato degli altri. Egli era di Arimatea, una città dei Giudei, e aspettava il regno di Dio. Si presentò a Pilato e chiese il corpo di Gesù. Lo calò dalla croce, lo avvolse in un lenzuolo e lo depose in una tomba scavata nella roccia, nella quale nessuno era stato ancora deposto.

[Ascolta]

Quattordicesima stazione – *Il sepolcro*

Ti adoriamo, o Cristo, e ti benediciamo.
Perché con la tua santa croce hai redento il mondo.

Lettura (Gv 19, 39-42)
Vi andò anche Nicodemo, quello che in precedenza era andato da lui di notte, e portò una mistura di mirra e di aloe di circa cento libbre. Essi presero allora il corpo di Gesù e lo avvolsero in bende insieme con oli aromatici, com'è usanza seppellire per i Giudei. Ora, nel luogo dove era stato crocifisso, vi era un giardino e nel giardino un sepolcro nuovo, nel quale nessuno era stato ancora deposto. Là dunque deposero Gesù, a motivo della Parasceve dei Giudei, poiché quel sepolcro era vicino.

[Ascolta]

Quindicesima stazione – *La risurrezione*

Ti adoriamo, o Cristo, e ti benediciamo.
Perché con la tua santa croce hai redento il mondo.

Lettura (Mc 16, 5-7)
Entrando nel sepolcro, videro un giovane, seduto sulla destra, vestito d'una veste bianca, ed ebbero paura. Ma egli disse loro: "Non abbiate paura! Voi cercate Gesù Nazzareno, il crocifisso. È risorto, non è qui. Ecco il luogo dove l'avevano deposto. Ora andate, dite ai suoi discepoli e a Pietro che egli vi precede in Galilea. Là lo vedrete, come vi ha detto".

[Ascolta]

Preghiera di conclusione

Signore Gesù, imprimi nella nostra mente il ricordo della tua Passione, così da compiere volentieri qualche sacrificio per te e sentirci collaboratori della tua opera salvifica, per essere un giorno partecipi della tua gloria di Risorto. *Amen.*

[Ascolta]

Ricordati, o Vergine Maria

Ricordati, o piissima Vergine Maria, non essersi mai udito al mondo che alcuno abbia ricorso al tuo patrocinio, implorato il tuo aiuto, chiesto la tua protezione e sia stato abbandonato. Animato da tale confidenza, a te ricorro, o Madre, Vergine delle Vergini, a te vengo e, peccatore contrito, innanzi a te mi prostro. Non volere, o Madre del Verbo, disprezzare le mie preghiere, ma ascoltami propizia ed esaudiscimi. *Amen*

[Ascolta]

Giotto, *Giudizio Universale* (particolare)
Padova, Cappella degli Scrovegni

Il Cantico delle creature

Scritto da San Francesco d'Assisi nel 1224 in volgare umbro.

Altissimu, onnipotente, bon Signore,
tue so' le laude, la gloria e l'honore et onne benedictione.
Ad te solo, Altissimo, se konfano,
et nullu homo ène dignu te mentovare.

Laudato sie, mi' Signore,
cum tucte le tue creature,
spetialmente messor lo frate sole,
lo qual'è iorno, et allumini noi per lui.
Et ellu è bellu e radiante cum grande splendore:
de te, Altissimo, porta significatione.

Laudato si', mi' Signore,
per sora luna e le stelle:
in celu l'ài formate clarite et pretiose et belle.

Laudato si', mi' Signore, per frate vento
et per aere et nubilo et sereno et onne tempo,
per lo quale a le tue creature dài sustentamento.
Laudato si', mi' Signore, per sor'aqua,
la quale è multo utile et humile et pretiosa et casta.
Laudato si', mi' Signore, per frate focu,
per lo quale ennallumini la nocte:
et ello è bello et iocundo et robustoso et forte.
Laudato si', mi' Signore, per sora nostra matre terra,
la quale ne sustenta et governa,
et produce diversi fructi con coloriti flori et herba.

Laudato si', mi' Signore,
per quelli ke perdonano per lo tuo amore
et sostengo infirmitate et tribulatione.
Beati quelli ke 'l sosterrano in pace,
ka da te, Altissimo, sirano incoronati.

Laudato si', mi' Signore, per sora nostra morte corporale,
da la quale nullu homo vivente pò skappare:
guai a quelli ke morrano ne le peccata mortali;
beati quelli ke trovarà ne le tue sanctissime voluntati,
ka la morte secunda no 'l farrà male.

Laudate et benedicete mi' Signore
et rengratiate e serviateli cum grande humilitate.

[Ascolta]

Salmo 148 - *Il creato lodi il Signore*

Lodate il Signore dai cieli,
lodatelo nell'alto dei cieli.
Lodatelo, voi tutti, suoi angeli,
lodatelo, voi tutte, sue schiere.
Lodatelo, sole e luna,
lodatelo, voi tutte, fulgide stelle.
Lodatelo, cieli dei cieli,
voi acque al di sopra dei cieli.
Lodino tutti il nome del Signore,
perché egli disse e furono creati.
Li ha stabiliti per sempre,
ha posto una legge che non passa.
Lodate il Signore dalla terra,
mostri marini e voi tutti abissi,
fuoco e grandine, neve e nebbia,
vento di bufera che obbedisce alla sua parola,
monti e voi tutte, colline,
alberi da frutto e tutti voi, cedri,
voi fiere e tutte le bestie,
rettili e uccelli alati.
I re della terra e i popoli tutti,
i governanti e i giudici della terra,
i giovani e le fanciulle,
i vecchi insieme ai bambini
lodino il nome del Signore:
perché solo il suo nome è sublime,
la sua gloria risplende sulla terra e nei cieli.
Egli ha sollevato la potenza del suo popolo.
È canto di lode per tutti i suoi fedeli,
per i figli di Israele, popolo che egli ama.
Alleluia.

[Ascolta]

Giotto, *Compianto sul Cristo morto* (particolare)
Padova, Cappella degli Scrovegni

◇ Preces [in latino]

Giotto, *La predica dinanzi a Onorio III*
Padova, Cappella degli Scrovegni

Signum Crucis

In nomine Patris, et Filii, et Spiritus Sancti. *Amen*

Pater Noster

Pater noster, qui es in caelis,
sanctificetur nomen tuum, adveniat regnum tuum,
fiat voluntas tua sicut in caelo et in terra;
panem nostrum cotidianum da nobis hodie,
et dimitte nobis debita nostra
sicut et nos dimittimus debitoribus nostris,
et ne nos inducas in tentationem,
sed libera nos a malo. *Amen*

Ave Maria

Ave Maria, gratia plena,
Dominus tecum, benedicta tu in mulieribus,
et benedictus fructus ventris tui, Iesus.
Sancta Maria, mater Dei, ora pro nobis peccatoribus,
nunc et in hora mortis nostrae. *Amen*

Gloria

Gloria Patri, et Filio, et Spiritui Sancto,
sicut erat in principio, et nunc, et semper,
et in saecula saeculorum. *Amen*

Requiem Aeternam

Requiem aeternam dona eis, Domine,
et lux perpetua luceat eis.
Requiescant in pace. *Amen*

Angelus Domini

Angelus Domini nuntiavit Mariae.
Et concepit de Spiritu Sancto.
Ave Maria...
Ecce ancilla Domini.
Fiat mihi secundum verbum tuum.
Ave Maria...
Et Verbum caro factum est.
Et habitavit in nobis.
Ave Maria...
Ora pro nobis, sancta Dei Genetrix.
Ut digni efficiamur promissionibus Christi.

Oremus

Gratiam tuam, quaesumus, Domine, mentibus nostris infunde; ut qui, Angelo nuntiante, Christi Filii tui incarnationem cognovimus, per passionem eius et crucem, ad resurrectionis gloriam perducamur. Per eundem Christum Dominum nostrum. *Amen*
Gloria Patri...

Regina Caeli

Regina caeli laetare, alleluia.
Quia quem meruisti portare, alleluia.
Resurrexit, sicut dixit, alleluia.
Ora pro nobis Deum, alleluia.
Gaude et laetare, Virgo Maria, alleluia.
Quia surrexit Dominus vere, alleluia.

Oremus

Deus, qui per resurrectionem Filii tui Domini nostri Iesu Christi mundum laetificare dignatus es, praesta, quaesumus, ut per eius Genetricem Virginem Mariam perpetuae capiamus gaudia vitae. Per Christum Dominum nostrum. *Amen*

Rosarium Beatae Mariae Virginis. Introductio

Deus in adiutorum meum intende
Domine, ad adiuvandum me festina

Gloria Patri, et Filio, et Spiritui Sancto.
Sicut erat in principio, et nunc, et semper,
Et in Saecula Saeculorum. Amen

Mysteria gaudii (in feria secunda et sabbato)

Primum mysterium: Angelus Domini nuntiavit Mariae
Secundum mysterium: Maria Elisabeth visitat
Tertium mysterium: Iesus in Bethleem nascitur
Quartum mysterium: Puer Iesus in templo praesentatur
Quintum mysterium: Puer Iesus in templo invenitur

Mysteria lucis (in feria quinta)

Primum mysterium: Iesus in Iordane baptizatur
Secundum mysterium: Iesus apud Canense Matrimonium se autorevelat
Tertium mysterium: Iesus regnum Dei proclamat et ad conversionem invitat
Quartum mysterium: Iesus in monte transfiguratur
Quintum mysterium: Iesus Eucharistiam instituit.

Mysteria doloris (in feria tertia et feria sexta)

Primum mysterium: Iesus in horto Gethsemani orat
Secundum mysterium: Iesus flagellis caeditur
Tertium mysterium: Iesus spinis coronatur
Quartum mysterium: Iesus cruce oneratus Calvarie locum adit
Quintum mysterium: Iesus in cruce moritur.

Mysteria gloriae (in feria quarta et dominica)

Primum mysterium: Iesus a mortuis resurgit
Secundum mysterium: Iesus caelos ad Patris gloriam ascendit
Tertium mysterium: Spiritus Paraclitus supra discipulos descendit
Quartum mysterium: Maria Virgo in caelum assumpta est
Quintum mysterium: Maria Virgo in caelum regina coronatur.
Ora pro nobis, sancta Dei Genetrix,
ut digni efficiamur promissionibus Christi.

Oremus
Deus, cuius Unigenitus per vitam, mortem et resurrectionem suam nobis salutis aeternae praemia comparavit, concede, quaesumus: ut haec mysteria sacratissimo beatae Mariae Virginis Rosario recolentes, et imitemur quod continent, et quod promittunt assequamur. Per Christum Dominum nostrum. *Amen*

Salve Regina

Salve, Regina, mater misericordiae,
vita, dulcedo et spes nostra, salve.
Ad te clamamus, exsules filii Hevae,
ad te suspiramus, gementes et flentes in hac lacrimarum valle.
Eia ergo, advocata nostra, illos tuos misericordes oculos ad nos converte.
Et Iesum, benedictum fructum ventris tui,
nobis post hoc exsilium ostende.
O clemens, o pia, o dulcis Virgo Maria.

Credo

Credo in unum Deum,
Patrem omnipotentem,
Factorem caeli et terrae,
visibilium omnium et invisibilium
Et in unum Dominum Iesum Christum,
Filium Dei unigenitum
et ex Patre natum
ante omnia saecula:

Deum de Deo, Lumen de Lumine,
Deum verum de Deo vero,
genitum, non factum, consubstantialem Patri:
per quem omnia facta sunt;
qui propter nos homines
et propter nostram salutem,
descendit de caelis, et incarnatus est
de Spiritu Sancto ex Maria Virgine
et homo factus est, crucifíxus etiam
pro nobis sub Pontio Pilato,
passus et sepultus est,
et resurrexit tertia die secundum Scripturas,
et ascendit in caelum,
sedet ad dexteram Patris,
et iterum venturus est cum gloria,
iudicare vivos et mortuos,
cuius regni non erit finis.
Et in Spiritum Sanctum, Dominum et vivificantem,
qui ex Patre Filioque procedit,
qui cum Patre et Filio simul adoratur et conglorificatur,
qui locutus est per prophetas.
Et unam sanctam catholicam
et apostolicam Ecclesiam.
Confiteor unum Baptisma in remissionem peccatorum.
Et exspecto resurrectionem mortuorum,
et vitam venturi saeculi. *Amen*

Magnificat

Magnìficat anima mea Dominum,
et exsultavit spiritus meus in Deo salutari meo,
quia respexit humilitatem ancìllae suae.
Ecce enim ex hoc beatam me dicent omnes generationes,
quia fecit mihi magna, qui potens est,
et sanctum nomen eius,
et misericordia eius a progenie in progenies timentibus eum.
Fecit potentiam in brachio suo,
dispersit superbos mente cordis sui;
deposuit potentes de sede et exaltavit humiles,
esurientes implevit bonis et divites dimisit inanes.
Suscepit Israel, puerum suum,
recordatus misericordiae suae
sicut locutus est ad patres nostros,
Abraham et semini eius in saecula.
Gloria Patri et Filio, et Spiritui Sancto. *Amen*

Benedictus (Canticum Zachariae)

Benedictus Dominus, Deus Israel,
quia visitavit et fecit redemptionem plebis suae,
et erexit cornu salútis nobis
in domo David pueri sui,
sicut locutus est per os sanctorum,
qui a saeculo sunt, prophetarum eius,
salutem ex inimicis nostris et de manu omnium,
qui oderunt nos;
ad faciendam misericordiam cum patribus nostris
et memorari testamenti sui sancti,
iusiurandum, quod iuravit ad Abraham patrem nostrum,
daturum se nobis, ut sine timore,
de manu inimicorum nostrorum liberati,
serviamus illi in sanctitate et iustitia coram ipso
omnibus diebus nostris.
Et tu, puer, propheta Altissimi vocaberis:
praeibis enim ante faciem Domini parare vias eius,
ad dandam scientiam salutis plebi eius
in remissionem peccatorum eorum,
per víscera misericordiae Dei nostri,
in quibus visitabit nos oriens ex alto,
illuminare his, qui in tenebris et in umbra mortis sedent,
ad dirigendos pedes nostros in viam pacis.
Gloria Patri et Filio et Spiritui Sancto.
Sicut erat in principio, et nunc et semper,
et in saecula saeculorum. *Amen*

Te Deum

Te Deum laudamus:
te Dominum confitemur.
Te aeternum Patrem,
omnis terra veneratur.

Tibi omnes angeli,
tibi caeli et universae potestates:
tibi cherubim et seraphim
incessabili voce proclamant:

Sanctus, Sanctus, Sanctus
Dominus Deus Sabaoth.
Pleni sunt caeli et terra
maiestatis gloriae tuae.

Te gloriosus Apostolorum chorus,
te prophetarum laudabilis numerus,
te martyrum candidatus laudat exercitus.

Te per orbem terrarum
sancta confitetur Ecclesia,
Patrem immensae maiestatis;
venerandum tuum verum et unicum Filium;
Sanctum quoque Paraclitum Spiritum.

Tu Rex gloriae, Christe.
Tu Patris sempiternus es Filius.
Tu, ad liberandum suscepturus hominem,
non horruisti Virginis uterum.

Tu, devicto mortis aculeo,
aperuisti credentibus regna caelorum.
Tu ad dexteram Dei sedes,
in gloria Patris.

Iudex crederis esse venturus.

Te ergo, quaesumus, tuis famulis subveni,
quos pretioso sanguine redemisti.
Aeterna fac cum sanctis tuis in gloria numerari.

Salvum fac populum tuum, Domine,
et benedic hereditati tuae.
Et rege eos,
et extolle illos usque in aeternum.

Per singulos dies benedicimus te;
et laudamus nomen tuum in saeculum,
et in saeculum saeculi.

Dignare, Domine, die isto
sine peccato nos custodire.
Miserere nostri, Domine,
miserere nostri.

Fiat misericordia tua, Domine, super nos,
quemadmodum speravimus in te.
In te, Domine, speravi:
non confundar in aeternum.

Via Crucis

I Statio – *Ubi Christus morti adiudicatur*

Adoramus te, Christe, et benedicimus tibi.
Quia per sanctam Crucem tuam redemisti mundum.
(Mc 15, 9-15)

Pilatus autem respondit eis et dixit: "Vultis dimittam vobis regem Iudaeorum?". Sciebat enim quod per invidiam tradidissent eum summi sacerdotes. Pontifices autem concitaverunt turbam, ut magis Barabbam dimitteret eis. Pilatus autem iterum respondens ait illis: "Quid ergo vultis faciam regi Iudaeorum?". At illi iterum clamaverunt: "Crucifige eum!". Pilatus vero dicebat illis: "Quid enim mali fecit?". At illi magis clamabant: "Crucifige eum!". Pilatus autem volens populo satisfacere dimisit illis Barabbam et tradidit Iesum flagellis caesum ut crucifigeretur.

II Statio – *Ubi Christo Crux imponitur*

Adoramus te, Christe, et benedicimus tibi.
Quia per sanctam Crucem tuam redemisti mundum.
(Mt 27, 28-31)

Et exuentes eum, clamydem coccineam circumdederunt ei et plectentes coronam de spinis posuerunt super caput eius et arundinem in dextera eius et, genuflexo ante eum, illudebant ei dicentes: "Ave, rex Iudaeorum!". Et exspuentes in eum acceperunt arundinem et percutiebant caput eius. Et postquam illuserunt ei, exuerunt eum clamyde et induerunt eum vestimentis eius et duxerunt eum, ut crucifigerent.

III Statio – *Ubi primum Christus sub Cruce cecidit*

Adoramus te, Christe, et benedicimus tibi.
Quia per sanctam Crucem tuam redemisti mundum.
(Eb 10, 32-35)

Rememoramini autem pristinos dies, in quibus illuminati magnum certamen sustinuistis passionum, in altero quidem opprobriis et tribulationibus spectaculum facti, in altero autem socii taliter conversantium effecti; nam et vinctis compassi estis et rapina bonorum vestrorum cum gaudio suscepistis, cognoscentes vos habere meliorem substantiam et manentem. Nolite itaque abicere confidentiam vestram, quae magnam habet remunerationem.

IV Statio – *Ubi Beata Virgo cum Sancto Ioanne obviat Christo*

Adoramus te, Christe, et benedicimus tibi.
Quia per sanctam Crucem tuam redemisti mundum.
(Gv 19, 25-27)

Stabant autem iuxta crucem Iesu mater eius et soror matris eius, Maria Cleopae, et Maria Magdalene. Cum vidisset ergo Iesus matrem et discipulum stantem, quem diligebat, dicit matri: "Mulier, ecce filius tuus". Deinde dicit discipulo: "Ecce mater tua". Et ex illa hora accepit eam discipulus in sua.

V Statio – *Ubi Simoni Cyrenaeo Crux imponitur*

Adoramus te, Christe, et benedicimus tibi.
Quia per sanctam Crucem tuam redemisti mundum.
(Mt 27, 32)

Exeuntes autem invenerunt hominem Cyrenaeum nomine Simonem; hunc angariaverunt, ut tolleret crucem eius.

VI Statio – *Ubi Veronica Christo obviat*

Adoramus te, Christe, et benedicimus tibi.
Quia per sanctam Crucem tuam redemisti mundum.
(Mt 5, 14-16)

Vos estis lux mundi. Non potest civitas abscondi supra montem posita; neque accendunt lucernam et ponunt eam sub modio, sed super candelabrum, ut luceat omnibus, qui in domo sunt. Sic luceat lux vestra coram hominibus, ut videant vestra bona opera et glorificent Patrem vestrum, qui in caelis est.

VII Statio – *Ubi Christus sub Iudiciaria Porta cecidit*

Adoramus te, Christe, et benedicimus tibi.
Quia per sanctam Crucem tuam redemisti mundum.
(Rm 8, 16-18)

Ipse Spiritus testimonium reddit una cum spiritu nostro, quod sumus filii Dei. Si autem filii, et heredes: heredes quidem Dei, coheredes autem Christi, si tamen compatimur, ut et conglorificemur. Existimo enim quod non sunt condignae passiones huius temporis ad futuram gloriam, quae revelanda est in nobis.

VIII Statio – *Ubi mulieres Christum deplorant*

Adoramus te, Christe, et benedicimus tibi.
Quia per sanctam Crucem tuam redemisti mundum.
(Lc 23, 27-28)

Sequebatur autem illum multa turba populi et mulierum, quae plangebant et lamentabant eum. Conversus autem ad illas Iesus dixit: "Filiae Ierusalem, nolite flere super me, sed super vos ipsas flete et super filios vestros".

IX Statio – *Ubi ultimo cecidit ad Montem Calvariae*

Adoramus te, Christe, et benedicimus tibi.
Quia per sanctam Crucem tuam redemisti mundum.
(1Pt 4, 12-14)

Carissimi, nolite mirari in fervore, qui ad tentationem vobis fit, quasi novi aliquid vobis contingant, sed, quemadmodum communicatis Christi passionibus, gaudete, ut et in revelatione gloriae eius gaudeatis exsultantes. Si exprobramini in nomine Christi, beati, quoniam Spiritus gloriae et Dei super vos requiescit.

X Statio – *Ubi felle et aceto potatur*

Adoramus te, Christe, et benedicimus tibi.
Quia per sanctam Crucem tuam redemisti mundum.
(Gv 19, 23-24)

Milites ergo cum crucifixissent Iesum, acceperunt vestimenta eius et fecerunt quattuor partes, unicuique militi partem, et tunicam. Erat autem tunica inconsutilis, desuper contexta per totum. Dixerunt ergo ad invicem: "Non scindamus eam, sed sortiamur de illa, cuius sit", ut Scriptura impleatur dicens: "Partiti sunt vestimenta mea sibi et in vestem meam miserunt sortem".

XI Statio – *Ubi Cruci horrendis clavis affigitur*

Adoramus te, Christe, et benedicimus tibi.
Quia per sanctam Crucem tuam redemisti mundum.
(Lc 23, 33-38)

Et postquam venerunt in locum, qui vocatur Calvariae, ibi crucifixerunt eum et latrones, unum a dextris et alterum a sinistris. Iesus autem dicebat: "Pater, dimitte illis, non enim sciunt quid faciunt". Dividentes vero vestimenta eius miserunt sortes. Et stabat populus exspectans. Et deridebant illum et principes dicentes: "Alios salvos fecit; se salvum faciat, si hic est Christus Dei electus!". Illudebant autem ei et milites accedentes, acetum offerentes illi et dicentes: "Si tu es rex Iudaeorum, salvum te fac!". Erat autem et superscriptio super illum: "Hic est rex Iudaeorum".

XII Statio – *Ubi in Cruce moritur*

Adoramus te, Christe, et benedicimus tibi.
Quia per sanctam Crucem tuam redemisti mundum.
(Mt 27, 45-50)

A sexta autem hora tenebrae factae sunt super universam terram usque ad horam nonam. Et circa horam nonam clamavit Iesus voce magna dicens: "Elì, Elì, lemà sabactanì?", hoc est: "Deus meus, Deus meus, ut quid dereliquisti me?". Quidam autem ex illic stantibus audientes dicebant: "Eliam vocat iste". Et continuo currens unus ex eis acceptam spongiam implevit aceto et imposuit arundini et dabat ei bibere. Ceteri vero dicebant: "Sine, videamus an veniat Elias liberans eum". Iesus autem iterum clamans voce magna emisit spiritum.

XIII Statio – *Ubi Iesu corpus ex cruce super afflictae matris genua deponitur*

Adoramus te, Christe, et benedicimus tibi.
Quia per sanctam Crucem tuam redemisti mundum.
(Lc 23, 50-53)

Et ecce vir nomine Ioseph, qui erat decurio, vir bonus et iustus hic non consenserat consilio et actibus eorum — ab Arimathaea civitate Iudaeorum, qui exspectabat regnum Dei, hic accessit ad Pilatum et petiit corpus Iesu et depositum involvit sindone et posuit eum in monumento exciso, in quo nondum quisquam positus fuerat.

XIV Statio – *Ubi Iesu corpus sepelitur*

Adoramus te, Christe, et benedicimus tibi.
Quia per sanctam Crucem tuam redemisti mundum.
(Gv 19, 39-42)

Venit autem et Nicodemus, qui venerat ad eum nocte primum, ferens mixturam myrrhae et aloes quasi libras centum. Acceperunt ergo corpus Iesu et ligaverunt illud linteis cum aromatibus, sicut mos Iudaeis est sepelire. Erat autem in loco, ubi crucifixus est, hortus, et in horto monumentum novum, in quo nundum quisquam positus erat. Ibi ergo propter Parascevem Iudaeorum, quia iuxta erat monumentum, posuerunt Iesum.

XV Statio – Christus resurrexit

Adoramus te, Christe, et benedicimus tibi.
Quia per sanctam Crucem tuam redemisti mundum.
(Mc 16, 5-7)

Et introeuntes in monumentum viderunt iuvenem sedentem in dextris, coopertum stola candida, et obstupuerunt. Qui dicit illis: "Nolite expavescere! Iesum quaeritis Nazarenum crucifixum. Surrexit, non est hic; ecce locus, ubi posuerunt eum. Sed ite, dicite discipulis eius et Petro: 'Praecedit vos in Galilaeam. Ibi eum videbitis, sicut dixit vobis'".

Oremus

Domine Iesu Christe, qui de caelis ad terram de sinu Patris descendisti, et sanguinem tuum pretiosum in remissionem peccatorum nostrorum fudisti: te humiliter deprecamur, ut in die iudicii ad dexteram tuam audire mereamur: venite benedicti. Qui vivis et regnas cum Deo Patri in unitate Spiritus Sancti, Deus per omnia saecula saeculorum.
Amen

Memorare

Memorare, o piissima Virgo Maria, non esse auditum a saeculo, quemquam ad tua currentem praesidia, tua implorantem auxilia, tua petentem suffragia, esse derelictum. Ego tali animatus confidentia, ad te, Virgo Virginum, Mater, curro, ad te venio, coram te gemens peccator assisto. Noli, Mater Verbi, verba mea despicere; sed audi propitia et exaudi. *Amen*

Psalmus 148

Alleluia. Laudate Dominum de caelis, laudate eum in excelsis.
Laudate eum, omnes angeli eius, laudate eum, omnes virtutes eius.
Laudate eum, sol et luna, laudate eum, omnes stellae lucentes.
Laudate eum, caeli caelorum et aquae omnes, quae super caelos sunt.
Laudent nomen Domini, quia ipse mandavit, et creata sunt;
statuit ea in aeternum et in saeculum saeculi;
praeceptum posuit, et non praeteribit.
Laudate Dominum de terra, dracones et omnes abyssi,
ignis, grando, nix, fumus, spiritus procellarum, qui facit verbum eius,
montes et omnes colles, ligna fructifera et omnes cedri,
bestiae et universa pecora, serpentes et volucres pennatae.
Reges terrae et omnes populi, principes et omnes iudices terrae,
iuvenes et virgines, senes cum iunioribus
laudent nomen Domini, quia exaltatum est nomen eius solius.
Magnificentia eius super caelum et terram, et exaltavit cornu populi sui.
Hymnus omnibus sanctis eius, filiis Israel, populo, qui propinquus est ei. Alleluia.

◇ La messa [in italiano]

Giotto, *Strage degli innocenti* (particolare)
Padova, Cappella degli Scrovegni

Canto d'ingresso

Nel nome del Padre del Figlio e dello Spirito Santo.
Amen
La grazia del Signore nostro Gesù Cristo, l'amore di Dio Padre e la comunione dello Spirito Santo sia con tutti voi.
E con il tuo spirito
Fratelli, per celebrare degnamente i santi misteri, riconosciamo i nostri peccati.

Confesso a Dio onnipotente e a voi, fratelli, che ho molto peccato in pensieri, parole, opere e omissioni, per mia colpa, mia colpa, mia grandissima colpa. E supplico la beata sempre vergine Maria, gli angeli, i santi e voi, fratelli, di pregare per me il Signore Dio nostro.

Dio onnipotente abbia misericordia di noi, perdoni i nostri peccati e ci conduca alla vita eterna.
Amen

[Ascolta]

Kyrie

Signore, pietà
Signore, pietà
Cristo, pietà
Cristo, pietà.
Signore, pietà
Signore, pietà

[Ascolta]

Gloria

Gloria a Dio nell'alto dei cieli e pace in terra agli uomini di buona volontà. Noi ti lodiamo, ti benediciamo, ti adoriamo, ti glorifichiamo, ti rendiamo grazie per la tua gloria immensa, Signore Dio, Re del cielo, Dio Padre onnipotente. Signore, Figlio unigenito, Gesù Cristo, Signore Dio, Agnello di Dio, Figlio del Padre; tu che togli i peccati del mondo, abbi pietà di noi; tu che togli i peccati del mondo, accogli la nostra supplica; tu che siedi alla destra del Padre, abbi pietà di noi. Perché tu solo il Santo, tu solo il Signore, tu solo l'Altissimo Gesù Cristo, con lo Spirito Santo nella gloria di Dio Padre. Amen

[Ascolta]

Orazione (colletta) | Liturgia della parola | Prima lettura | Salmo responsoriale | Seconda lettura | Alleluia

---

Vangelo

Il Signore sia con voi
E con il tuo spirito
Dal Vangelo secondo...
Gloria a te, o Signore
Parola del Signore
Lode a te, o Cristo.

[Ascolta]

Omelia | Credo [vedi p. 9] | Preghiera dei fedeli

Liturgia ucaristica

Benedetto sei tu, Signore, Dio dell'universo: dalla tua bontà abbiamo ricevuto questo pane, frutto della terra e del lavoro dell'uomo; lo presentiamo a te, perché diventi per noi cibo di vita eterna.
Benedetto nei secoli il Signore
Benedetto sei tu, Signore, Dio dell'universo: dalla tua bontà abbiamo ricevuto questo vino, frutto della terra, e del lavoro dell'uomo; lo presentiamo a te, perché diventi per noi bevanda di salvezza.
Benedetto nei secoli il Signore
Pregate, fratelli, perché il mio e vostro sacrificio sia gradito a Dio, Padre onnipotente.

Il Signore riceva dalle tue mani questo sacrificio a lode e gloria del suo nome, per il bene nostro e di tutta la sua santa Chiesa.

[Ascolta]

Orazione (sulle offerte)

Il Signore sia con voi
E con il tuo spirito

In alto i nostri cuori
Sono rivolti al Signore

Rendiamo grazie al Signore, nostro Dio
È cosa buona e giusta

È veramente cosa buona e giusta, nostro dovere e fonte di salvezza, rendere grazie sempre e in ogni luogo a te, Padre santo, per Gesù Cristo, tuo dilettissimo Figlio. Egli è la tua Parola vivente, per mezzo di lui hai creato tutte le cose, e lo hai mandato a noi salvatore e redentore, fatto uomo per opera dello Spirito Santo e nato dalla Vergine Maria. Per compiere la tua volontà e acquistarti un popolo santo, egli stese le braccia sulla croce, morendo distrusse la morte e proclamò la risurrezione. Per questo mistero di salvezza, uniti agli angeli e ai santi, cantiamo a una sola voce la tua gloria:

Santo, santo, santo il Signore Dio dell'universo. I cieli e la terra sono pieni della tua gloria. Osanna nell'alto dei cieli. Benedetto colui che viene nel nome del Signore. Osanna nell'alto dei cieli.

[Ascolta]

Preghiera eucaristica II

Padre veramente santo, fonte di ogni santità, santifica questi doni con l'effusione del tuo Spirito perché diventino per noi il corpo e il sangue di Gesù Cristo nostro Signore.
Egli, offrendosi liberamente alla sua passione, prese il pane e rese grazie, lo spezzò, lo diede ai suoi discepoli, e disse:
Prendete, e mangiatene tutti: questo è il mio corpo offerto in sacrificio per voi.
Dopo la cena, allo stesso modo, prese il calice e rese grazie, lo diede ai suoi discepoli, e disse:
Prendete, e bevetene tutti: questo è il calice del mio sangue per la nuova ed eterna alleanza, versato per voi e per tutti in remissione dei peccati. Fate questo in memoria di me.

[Ascolta]

Mistero della fede

Annunciamo la tua morte, Signore, proclamiamo la tua risurrezione, nell'attesa della tua venuta.
Celebrando il memoriale della morte e risurrezione del tuo Figlio, ti offriamo, Padre, il pane della vita e il calice della salvezza, e ti rendiamo grazie per averci ammessi alla tua presenza a compiere il servizio sacerdotale. Ti preghiamo umilmente: per la comunione al corpo e al sangue di Cristo lo Spirito Santo ci riunisca in un solo corpo.
Ricordati, Padre, della tua Chiesa diffusa su tutta la terra: rendila perfetta nell'amore in unione con il nostro Papa N., il nostro Vescovo N., e tutto l'ordine sacerdotale. Ricordati dei nostri fratelli, che si sono addormentati nella speranza della risurrezione e di tutti i defunti che si affidano alla tua clemenza: ammettili a godere la luce del tuo volto. Di noi tutti abbi misericordia: donaci di aver parte alla vita eterna, insieme con la beata Maria, Vergine e Madre di Dio, con gli apostoli e tutti i santi, che in ogni tempo ti furono graditi: e in Gesù Cristo tuo Figlio canteremo la tua gloria.
Per Cristo, con Cristo e in Cristo, a te, Dio, Padre onnipotente, nell'unità dello Spirito Santo, ogni onore e gloria, per tutti i secoli dei secoli. Amen

[Ascolta]

Preghiera eucaristica III

Padre veramente santo, a te la lode da ogni creatura. Per mezzo di Gesù Cristo, tuo Figlio e nostro Signore, nella potenza dello Spirito Santo fai vivere e santifichi l'universo, e continui a radunare intorno a te un popolo, che da un confine all'altro della terra offra al tuo nome il sacrificio perfetto. Ora ti preghiamo umilmente: manda il tuo Spirito a santificare i doni che ti offriamo, perché diventino il corpo e il sangue di Gesù Cristo, tuo Figlio e nostro Signore, che ci ha comandato di celebrare questi misteri.
Nella notte in cui fu tradito, egli prese il pane, ti rese grazie con la preghiera di benedizione, lo spezzò, lo diede ai suoi discepoli, e disse:
Prendete, e mangiatene tutti: questo è il mio corpo offerto in sacrificio per voi.
Dopo cena, allo stesso modo, prese il calice, ti rese grazie con la preghiera di benedizione, lo diede ai suoi discepoli, e disse:
Prendete, e bevetene tutti: questo è il calice del mio sangue per la nuova ed eterna alleanza, versato per voi e per tutti in remissione dei peccati. Fate questo in memoria di me.

[Ascolta]

Mistero della fede

Annunziamo la tua morte, Signore, proclamiamo la tua risurrezione, nell'attesa della tua venuta.

Celebrando il memoriale del tuo Figlio, morto per la nostra salvezza, gloriosamente risorto e asceso al cielo, nell'attesa della sua venuta ti offriamo, Padre, in rendimento di grazie questo sacrificio vivo e santo. Guarda con amore e riconosci nell'offerta della tua Chiesa, la vittima immolata per la nostra redenzione; e a noi che ci nutriamo del corpo e sangue del tuo Figlio, dona la pienezza dello Spirito Santo perché diventiamo, in Cristo, un solo corpo e un solo spirito. Egli faccia di noi un sacrificio perenne a te gradito, perché possiamo ottenere il regno promesso insieme con i tuoi eletti con la beata Maria, Vergine e Madre di Dio, con i tuoi santi apostoli, i gloriosi martiri, San N. (santo del giorno o patrono) e tutti i santi, nostri intercessori presso di te. Per questo sacrificio di riconciliazione, dona, Padre, pace e salvezza al mondo intero. Conferma nella fede e nell'amore la tua Chiesa pellegrina sulla terra: il tuo servo e nostro Papa N., il nostro Vescovo N., il collegio episcopale, tutto il clero e il popolo che tu hai redento. Ascolta la preghiera di questa famiglia, che hai convocato alla tua presenza. Ricongiungi a te, Padre misericordioso, tutti i tuoi figli ovunque dispersi. Accogli nel tuo regno i nostri fratelli defunti e tutti i giusti che, in pace con te, hanno lasciato questo mondo; concedi anche a noi di ritrovarci insieme a godere per sempre della tua gloria, in Cristo, nostro Signore, per mezzo del quale tu, o Dio, doni al mondo ogni bene.

Per Cristo, con Cristo e in Cristo, a te, Dio Padre onnipotente, nell'unità dello Spirito Santo, ogni onore e gloria per tutti i secoli dei secoli. Amen

[Ascolta]

Riti di comunione

Obbedienti alla parola del Salvatore e formati al suo divino insegnamento, osiamo dire:
Padre nostro [vedi p. 8]
Liberaci, o Signore, da tutti i mali, concedi la pace ai nostri giorni; e con l'aiuto della tua misericordia, vivremo sempre liberi dal peccato e sicuri da ogni turbamento, nell'attesa che si compia la beata speranza, e venga il nostro Salvatore Gesù Cristo.
Tuo è il regno, tua la potenza e la gloria nei secoli
Signore Gesù Cristo, che hai detto ai tuoi apostoli: "Vi lascio la pace, vi do la mia pace", non guardare ai nostri peccati, ma alla fede della tua Chiesa, e donale unità e pace secondo la tua volontà. Tu che vivi e regni nei secoli dei secoli. *Amen*

La pace del Signore sia sempre con voi
E con il tuo spirito

[Ascolta]

Agnus Dei

Agnello di Dio, che togli i peccati del mondo, abbi pietà di noi (bis).
Agnello di Dio, che togli i peccati del mondo, dona a noi la pace.

Beati gli invitati alla Cena del Signore.
Ecco l'Agnello di Dio, che toglie i peccati del mondo.
O *Signore, non sono degno di partecipare alla tua mensa: ma di' soltanto una parola e io sarò salvato.*

Il Corpo di Cristo
Amen

[Ascolta]

Orazione

Riti di conclusione

Il Signore sia con voi
E con il tuo spirito
Vi benedica Dio onnipotente, Padre e Figlio e Spirito Santo
Amen
La messa è finita: andate in pace
Rendiamo grazie a Dio

[Ascolta]

Giotto, *Lavanda dei piedi* (particolare)
Padova, Cappella degli Scrovegni

Giotto, *Compianto sul Cristo morto* (particolare)
Padova, Cappella degli Scrovegni

◇ Ordinarium Missae [in latino]

Giotto, *L'apparizione a fra' Agostino e al vescovo* (particolare)
Firenze, Cappella dei Bardi, Chiesa di Santa Croce

Ritus Initiales

In nomine Patris et Filii et Spiritus Sancti.
Amen
Gratia Domini nostri Iesu Christi et caritas Dei et comunicatio Sancti Spiritus sit cum omnibus vobis.
Et cum spiritu tuo

Actus Poenitentialis

Fratres, agnoscamus peccata nostra, ut apti simus ad sacra mysteria celebranda.
Confiteor Deo omnipotenti et vobis, fratres, quia peccavi nimis cogitatione, verbo, opere et omissione: mea culpa, mea culpa, mea maxima culpa. Ideo precor beatam Mariam semper Virginem, omnes Angelos et Sanctos, et vos fratres, orare pro me ad Dominum Deum nostrum.
Misereatur nostri omnipotens Deus et, dimissis peccatis nostris, perducat nos ad vitam aeternam. *Amen*

Actus Poenitentialis II

Fratres, agnoscamus peccata nostras ut aptis simus ad sacra mysteria celebranda.
Miserere nostri, Domine.
Quia peccavimus tibi.
Ostende nobis, Domine, misericordiam tuam.
Et salutare tuum da nobis.
Misereatur nostri omnipotens Deus et dimissis peccatis nostris, perducat nos ad vitam aeternam. *Amen*

Actus Poenitentialis III

Fratres, agnoscamus peccata nostras ut aptis simus ad sacra mysteria celebranda.
Qui missus es sanare contritos corde.
Kyrie, eleison
Kyrie, eleison
Qui peccatores vocare venisti.
Christe, eleison
Christe, eleison
Qui ad dexteram Patris sedes ad interpellandum pro nobis.
Kyrie, eleison
Kyrie, eleison
Misereatur nostri omnipotens Deus et dimissis peccatis nostris, perducat nos ad vitam aeternam. *Amen*

Invocationes et Gloria

Kyrie, eleison
Kyrie, eleison
Christe, eleison
Christe, eleison
Kyrie, eleison
Kyrie, eleison
Gloria in excelsis Deo et in terra pax hominibus bonae voluntatis. Laudamus te, benedicimus te, adoramus te, glorificamus te, gratias agimus tibi propter magnam gloriam tuam, Domine Deus, Rex caelestis Deus Pater omnipotens, Domine Fili unigenite, Iesu Christe, Domine Deus, Agnus Dei, Filius Patris, qui tollis peccata mundi, miserere nobis; qui tollis peccata mundi, suscipe deprecationem nostram. Qui sedes ad dexteram Patris, miserere nobis. Quoniam tu solus Sanctus, tu solus Dominus, tu solus Altissimus, Iesu Christe, cum Sancto Spiritu: in gloria Dei Patris. Amen

Collecta | Liturgia Verbi | Lectio Prima | Verbum Domini | Psalmus Responsorius | Lectio Secunda | Alleluia

Liturgia Verbi

Ad finem lectionis significandam lector acclamat:
Verbum Domini
Omnes respondent:
Deo gratias
Psalmista, seu cantor, psalmum cantat vel dicit, populo responsum proferente.

Ad finem lectionis significandam lector acclamat:
Verbum Domini
Omnes respondent:
Deo gratias

Sequitur Alleluia vel alter cantus.

Postea diaconus, Evangelium prolaturus, ante sacerdotem profunde inclinatus, benedictionem petit, submissa voce dicens:
Iube, Domne, benedícere
Sacerdos submissa voce dicit:
Dominus sit in corde tuo et in labiis tuis, ut digne et competenter annunties Evangelium suum. In nomine Patris, et Filii, et Spiritus Sancti.
Amen

Si vero non adest diaconus, sacerdos ante altare inclinatus secreto dicit:
Munda cor meum ac labia mea, omnipotens Deus, ut sanctum Evangelium tuum digne valeam nuntiare.

Evangelium

Dominus vobiscum.
Et cum spiritu tuo
Lectio sancti Evangelii secundum Lucam
Lectio sancti Evangelii secundum Mattheum
Lectio sancti Evangelii secundum Marcum
Lectio sancti Evangelii secundum Iohannem
Lectio sancti Evangelii secundum
Gloria tibi, Domine
Verbum Domini
Laus tibi, Christe
Per evangelica dicta deleantur nostra delicta.

Homilia | Credo | Oratio Universalis | Seu Oratio Fidelium

Liturgia Eucharistica

Benedictus es, Domine, Deus universi, quia de tua largitate accepimus panem, quem tibi offerimus, fructum terrae et operis manuum hominum, ex quo nobis fiet panis vitae.
Benedictus Deus in saecula
Per huius aquae et vini mysterium eius efficiamur divinitatis consortes, qui humanitatis nostrae fieri dignatus est particeps.

Benedictus es, Domine, Deus universi, quia de tua largitate accepimus vinum, quod tibi offerimus, fructum vitis et operis manuum hominum, ex quo nobis fiet potus spiritalis.
Benedictus Deus in saecula
In spiritu humilitatis et in animo contrito suscipiamur a te, Domine; et sic fiat sacrificium nostrum in cospectu tuo hodie ut placeat tibi Domine Deus.
Lava me, Domine, ab iniquitate mea et a peccato meo munda me.

Orate, fratres, ut meum ac vestrum sacrificium acceptabile fiat apud Deum Patrem omnipotentem!
Suscipiat Dominus sacrificium de manibus tuis ad laudem et gloriam nominis sui,
ad utilitatem quoque nostram totiusque Ecclesiae suae sanctae.
Post Orationem Super Oblata, populus acclamat:
Amen

Prex Eucharistica

Vere sanctus es, Domine, fons omnis sancitatis. Haec ergo dona, quaesumus, Spiritus tui rore sanctifica ut nobis Corpus et Sanguis fiant Domini nostri Iesu Christi.
Qui cum Passioni voluntarie traderetur, accepit panem

et gratias agens fregit, deditque discipulis suis, dicens: Accipite et manducate ex hoc omnes: hoc est enim corpus meum, quod pro vobis tradetur.
Simili modo, postquam cenatum est, accipiens calicem, et tibi gratias agens benedixit, deditque discipulis suis, dicens:
Accipite et bibite ex eo omnes: hic est enim calix sanguinis mei novi et aeterni testamenti, qui pro vobis et pro multis effundetur in remissionem peccatorum. Hoc facite in meam commemorationem.

Prex Eucharistica II

Dominus vobìscum
Et cum spiritu tuo
Sursum corda
Habemus ad Dominum
Gratias agamus Domino Deo nostro
Dignum et iustum est
Vere dignum et iustum est, aequum et salutare, nos tibi, sancte Pater, semper et ubique gratias agere per Filium dilectionis tuae Iesum Christum. Verbum tuum, per quod cuncta fecisti: quem misisti nobis Salvatorem et Redemptorem, incarnatum de Spiritu Sancto et ex Virgine natum. Qui voluntatem tuam adimplens et populum tibi sanctum acquirens extendit manus cum pateretur, ut mortem solveret et resurrectionem manifestaret. Et ideo cum Angelis et omnibus Sanctis gloriam tuam praedicamus, una voce dicentes:
Sanctus, sanctus, sanctus Dominus Deus Sabaoth. Pleni sunt caeli et terra gloria tua. Hosanna in excelsis. Benedictus qui venit in nomine Domini . Hosanna in excelsis.

Mysterium Fidei

Mortem tuam annuntiamus, Domine, et tuam resurrectionem confitemur, donec venias.
Memores igitur mortis et resurrectionis eius, tibi, Domine, panem vitae et calicem salutis offerimus, gratias agentes quia nos dignos habuisti astare coram te et tibi ministrare.
Et supplices deprecamur ut Corporis et Sanguinis Christi participes a Spiritu Sancto congregemur in unum.
Recordare, Domine, Ecclesiae tuae toto orbe diffusae, ut eam in caritate perficias una cum Papa nostro Francisco et Episcopo nostro et universo clero. Memento etiam fratrum nostrorum, qui in spe resurrectionis dormierunt, omniumque in tua miseratione defunctorum, et eos in lumen vultus tui admitte.
Omnium nostrum, quaesumus, miserere, ut cum beata Dei Genetrice Virgine Maria, cum Sancto Iosepho, eius sponso, beatis Apostolis et omnibus Sanctis, qui tibi a saeculo placuerunt aeternae vitae mereamur esse consortes, et te laudemus et glorificemus per Filium tuum Iesum Christum.

Per ipsum, et cum ipso, et in ipso, est tibi Deo Patri omnipotenti, in unitate Spiritus Sancti, omnis honor et gloria per omnia saecula saeculorum.
Amen

Prex Eucharistica III

Vere sanctus es, Domine, et merito te laudat omnis a te condita creatura, quia per Filium tuum, Dominum nostrum Iesum Christum, Spiritus Sancti operante virtute vivificas et sanctificas universa, et populum tibi congregare non desinis, ut a solis ortu usque ad occasum oblatio munda offeratur nomini tuo.
Supplices ergo te, Domine, deprecamur, ut haec munera, quae tibi sacranda detulimus, eodem Spiritu sanctificare digneris, ut Corpus et Sanguis fiant Filii tui Domini nostri Iesu Christi, cuius mandato haec mysteria celebramus.
Ipse enim in qua nocte tradebatur accepit panem et tibi

gratias agens benedixit, fregit, deditque discipulis suis, dicens:
Accipite et manducate ex hoc omnes: hoc est enim corpus meum, quod pro vobis tradetur.
Simili modo, postquam cenatum est, accipiens calicem, et tibi gratias agens benedixit, deditque discipulis suis, dicens:
Accipite et bibite ex eo omnes: hic est enim calix sanguinis mei novi et æterni testamenti, qui pro vobis et pro multis effundetur in remissionem peccatorum.
Hoc facite in meam commemorationem.

Ritus Communionis

Praeceptis salutaribus moniti, et divina institutione formati, audemus dicere:
Pater Noster
Libera nos, quaesumus, Domine, ab omnibus malis, da propitius pacem in diebus nostris, ut, ope misericordiae tuae adiuti, et a peccato simus semper liberi et ab omni perturbatione securi: exspectantes beatam spem et adventum Salvatoris nostri Iesu Christi.
Quia tuum est regnum et potestas et gloria in saecula.
Domine Iesu Christe, qui dixisti Apostolis tuis: Pacem relinquo vobis, pacem meam do vobis: ne respicias peccata nostra, sed fidem Ecclesiae tuae, eamque secundum voluntatem tuam pacificare et coadunare digneris. Qui vivis et regnas in saecula saeculorum.
Amen
Pax Domini sit semper vobiscum.
Et cum spiritu tuo
Offerte vobis pacem
Haec commixtio corporis et sanguinis Domini Nostri Iesu Christi fiat accipientibus nobis in vitam aeternam.

Agnus Dei

Agnus Dei, qui tollis peccata mundi: miserere nobis.
Agnus Dei, qui tollis peccata mundi: miserere nobis.
Agnus Dei, qui tollis peccata mundi: dona nobis pacem.
Domine, Iesu Christe, Fili Dei vivi, qui ex voluntate Patris, cooperante Spriritu Sancto per mortem tuam mundum vivificasti: libera me, per hoc sacrosanctum Corpus et Sanguinem tuum ab omnibus iniquitatibus meis et universis malis et fac me tuis semper inhaerere mandatis et a te nunquam separari permittas. Perceptio Corporis et Sanguinis tui, Domine Iesu Christe, non mihi proveniat in iudicium et condemnationem sed pro tua pietate prosit mihi ad tutamentum mentis et corporis et ad medelam percipiendam.

Ecce Agnus Dei, ecce qui tollit peccata mundi.
Beati qui ad cenam Agni vocati sunt.
Domine, non sum dignus ut intres sub tectum meum, sed tantum dic verbo et sanabitur anima mea.
Corpus Christi, custodiat me in vitam aeternam.
Sanguis Christi, custodiat me in vitam aeternam.
Corpus Christi. *Amen*

Ritus Conclusionis

Dominus vobiscum
Et cum spiritu tuo
Benedicat vos omnipotens Deus, Pater et Filius et Spiritus Sanctus
Amen
Ite, missa est
Deo gratias

Cimabue, *Croce dipinta* (particolare)
Arezzo, Chiesa di san Domenico

◇ Canti religiosi

Giotto, *Crocifissione* (particolare)
Parigi, Museo del Louvre

A te nostro Padre

A te nostro Padre, nostro Signor, pane e vino oggi noi offriam sull'altar.

Grano diverrai vivo pane del cielo, cibo per nutrire l'alma fedel.
[*RITORNELLO*]
Vino diverrai vivo sangue di Cristo, fonte che disseta l'arsura del cuor.
[*RITORNELLO*]
Salga fino a te ed a te sia gradita, l'ostia che t'offriamo in tutta umiltà.
[*RITORNELLO*]

Cammina con Lui

Cammina con Lui fratello che vai.
Cammina con Lui se forza più non hai.
La strada è più dolce, fratello che vai.
Cammina con Lui, la vita troverai.

Ma dove, ma dove andrò, se luce per la strada io non ho?
Ma tu guarda lontano quel cenno di una mano è la voce che ti dice: "Amico vai!".
[*RITORNELLO*]
Ma dove, ma dove andrò, se pane per la strada io non ho?
Ricorda che alla folla un giorno Cristo disse: "Il pane della vita sono io!".
[*RITORNELLO*]
Ma dove, ma dove andrò, se acqua per la strada io non ho?
Ricorda che a una donna un giorno Cristo disse: "Se bevi la mia acqua tu vivrai!".
[*RITORNELLO*]

Cantate al Signore

Alleluia, alleluia! Alleluia, alleluia!
Cantate al Signore un cantico nuovo,
tutta la terra canti al Signore.
Per tutta la terra si è accesa una luce,
uomini nuovi cantano in cor.
Un cantico nuovo di gioia infinita,
un canto d'amore a Dio fra noi.
Al -le -lu -ia!
Un coro di voci s'innalza al Signore,
re della vita, luce del mondo.
Discende dal cielo un fuoco d'amore,
il paradiso canta con noi.
Un cantico nuovo di gioia infinita,
un canto d'amore a Dio fra noi.
Alleluia!

Canterò a te

Finché ho vita canterò a te Signore; la tua parola annunzierò.
E la mia forza sarà il tuo amor, con te nessuno temerò.

Voglio vivere solo per te, e fare ciò che vuoi tu.
E per sempre rimanere in te ed amarti e farti amare sempre più.
[*RITORNELLO*]
La tua luce, la tua verità nel cammino mi guideranno.
E in giustizia e in santità, al tuo monte santo mi condurranno.
[*RITORNELLO*]

Comandamento nuovo

Vi do un comandamento nuovo: amatevi gli uni gli altri, come io ho amato voi, come il Padre ama me.

Da questo vi riconosceranno che siete miei amici;
così il mondo crederà che il Padre mi ha mandato.
[*RITORNELLO*]
Chi osserva i miei comandamenti, dal Padre mio è amato;
a lui io mi rivelerò, conoscerà il mio amore.
[*RITORNELLO*]
E quando vi riunite nel mio nome, sarò in mezzo a voi.
Allora il Padre vi darà ciò che domanderete.
[*RITORNELLO*]

Dolce sentire (Fratello Sole e Sorella Luna)

Dolce sentire come nel mio cuore, ora umilmente sta nascendo amore.
Dolce è capire che non son più solo ma che son parte di una immensa vita, che generosa risplende intorno a me.
Dono di Lui del suo immenso amore.
Ci ha dato il cielo e le chiare stelle, Fratello Sole e Sorella Luna;
la madre terra con frutti, prati e fiori, il fuoco, il vento, l'aria e l'acqua pura; fonte di vita per le sue creature.
Dono di Lui, del suo immenso amore. (2v.)
Sia laudato nostro Signore che ha creato l'universo intero.
Sia laudato nostro Signore, noi tutti siamo sue creature.
Dono di Lui, del suo immenso amore. Beato chi lo serve in umiltà.

Dov'è carità e amore, qui c'è Dio

Dov'è carità e amore, qui c'è Dio.

Ci ha riuniti tutti insieme Cristo amore: godiamo esultanti nel Signore.

Temiamo ed amiamo il Dio vivente, ed amiamoci tra noi, con cuore sincero.
[*RITORNELLO*]
Noi formiamo qui riuniti un solo corpo.
Evitiamo di dividerci tra noi. Via le lotte maligne, via le liti.
E regni in mezzo a noi, Cristo, Dio.
[*RITORNELLO*]
Chi non ama resta sempre nella notte; e dall'ombra della morte non risorge. Ma se noi camminiamo nell'amore: noi saremo veri figli della luce.
[*RITORNELLO*]
Nell'amore di colui che ci ha salvati, rinnovati dallo spirito del Padre. Tutti uniti sentiamoci fratelli.
E la gioia diffondiamo sulla terra.
[*RITORNELLO*]
Imploriamo con fiducia il Padre santo; perché doni ai nostri giorni la sua pace. Ogni popolo dimentichi i rancori, ed il mondo si rinnovi nell'amore.
[*RITORNELLO*]
Fa che un giorno contempliamo il tuo volto, nella gloria dei beati, Cristo Dio. E sarà gioia grande, gioia vera: durerà per tutti i secoli, senza fine.
[*RITORNELLO*]

Dove tu vorrai

Io camminerò – Alleluia, per le strade andrò – Alleluia
dove tu vorrai ti seguirò.
E ti canterò – Alleluia, dono mi farò – Alleluia
dove tu vorrai ti seguirò.

Un amico sei per me, solo amore io mi sento,
giovinezza, eternità e sorgente di speranza.
[*RITORNELLO*]
Come creta in mano a te, io mi sento mio Signore.
Fa di me quello che vuoi, fa che sia un capolavoro.
[*RITORNELLO*]
Lungo il lago passerai, il tuo sguardo come un fuoco piano, piano accenderà tutta quanta la mia vita.
[*RITORNELLO*]
Le mie reti lascerò e ti prenderò per mano,
proverò la libertà e la gioia che mi nasce dentro.
[*RITORNELLO*]

È giunta l'ora

È giunta l'ora Padre per me
ai miei amici ho detto che
questa è la vita conoscere te
e il Figlio tuo, Cristo Gesù.
Erano tuoi, li hai dati a me
ed ora sanno che torno a te
hanno creduto conservali tu
nel tuo amore, nell'unità.
Tu mi hai mandato ai figli tuoi
la tua parola è verità
e il loro cuore sia pieno di gioia
la gioia vera viene da te.
Io sono in loro e tu in me
che sian perfetti nell'unità
e il mondo creda che tu mi hai mandato
li ha amati come ami me.

Il cantico dei redenti (Il Signore è la mia salvezza)

Il Signore è la mia salvezza, e con lui non temo più,
perché ho nel cuore la certezza, la salvezza è qui con me.

Ti lodo Signore perché, un giorno eri lontano da me,
ora invece sei tornato e mi hai preso con te.
[*RITORNELLO*]
Berrete con gioia alle fonti, alle fonti della salvezza, e quel giorno voi direte:
"Lodate il Signore, invocate il suo nome".
[*RITORNELLO*]
Fate conoscere ai popoli tutto quello che lui ha compiuto, e ricordino per sempre,
ricordino sempre che il suo nome è grande.
[*RITORNELLO*]
Cantate a chi ha fatto grandezze, e sia fatto sapere nel mondo: "Grida forte la tua gioia, abitante di Sion perché grande con te è il Signore".
[*RITORNELLO*]

Il Signore è il mio pastore

Il Signore è il mio pastore, nulla manca ad ogni attesa.
In verdissimi prati mi pasce, mi disseta a placide acque.
È il ristoro dell'anima mia. In sentieri diritti mi guida, per amore del santo suo nome. Dietro lui mi sento sicuro.
Pur se andassi per valle oscura, non avrò a temere alcun male.
Perché sempre mi sei vicino, mi sostieni col tuo vincastro.
Quale mensa per me tu prepari, sotto gli occhi dei miei nemici.
E di olio cospargi il capo, il mio calice è colmo di ebbrezza.
Bontà e grazia mi sono compagne,
quanto dura il mio cammino.
Io starò nella casa di Dio lungo tutto il migrare dei giorni.

Il tuo popolo in cammino

Il tuo popolo in cammino, cerca in te la guida.
Sulla strada verso il regno, sei sostegno col tuo corpo.
Resta sempre con noi o Signore.

È il tuo pane, Gesù, che ci dà forza, e rende più sicuro il nostro passo.
Se il vigore, nel cammino si svilisce,
la tua mano dona lieta la speranza.
[*RITORNELLO*]
È il tuo vino Gesù, che ci disseta, e sveglia in noi l'ardore di seguirti.
Se la gioia cede il passo alla stanchezza,
la tua voce fa rinascere freschezza.
[*RITORNELLO*]
È il tuo corpo Gesù, che ci fa Chiesa, fratelli sulle strade della vita.
Se il rancore toglie luce all'amicizia,
dal tuo cuore nasce giovane il perdono.
[*RITORNELLO*]
È il tuo sangue Gesù, il segno eterno, dell'unico linguaggio dell'amore. Se il donarsi come te richiede fede,
nel tuo spirito sfidiamo l'incertezza.
[*RITORNELLO*]
È il tuo dono Gesù, la vera fonte, del gesto coraggioso di chi annuncia. Se la Chiesa non è aperta ad ogni uomo,
il tuo fuoco le rivela la missione.
[*RITORNELLO*]

Kumbaya My Lord

1. Kumbaya my Lord, kumbaya.
Kumbaya my Lord, kumbaya.
Kumbaya my Lord, kumbaya.
O Lord, kumbaya.
2. C'è chi piange Signor, vieni qui
c'è chi soffre Signor, vieni qui
c'è chi muore Signor, vieni qui.
Signor vieni qui.
3. C'è chi spera Signor, vieni qui
c'è chi canta Signor, vieni qui
c'è chi ama Signor, vieni qui.
Signor, vieni qui.
4. Noi crediamo in te, o Signor
noi speriamo in te, o Signor
noi amiamo te, o Signor.
Tu ci ascolti, o Signor.
5. Sei con noi Signor, sei con noi
nella gioia: tu sei con noi
nel dolore: tu sei con noi.
Tu per sempre sei con noi.

L'anima mia magnifica il Signore

L'anima mia magnifica il Signore, l'anima mia magnifica il Signore, perché ha fatto grandi cose e santo, santo, è il suo nome. (2v.)

Perché ha rivolto lo sguardo all'umiltà della sua serva, ed ecco che fin d'ora tutte le genti mi chiameranno beata.
[*RITORNELLO*]
Depose i potenti dai troni ed innalzò gli umili, saziò gli affamati e rimandò i ricchi a mani vuote.
[*RITORNELLO*]
(finale): L'anima mia magnifica il Signore!

La nostra offerta (nella tua messa)

Guarda questa offerta, guarda a noi Signore
tutto noi ti offriamo, per unirci a te.

Nella tua messa, la nostra messa
nella tua vita, la nostra vita. (2v.)

Che possiamo offrirti, nostro creatore
ecco il nostro niente, prendilo Signor!
[*RITORNELLO*]

Musica di festa

Cantate al Signore un cantico nuovo, splende la sua gloria.
Grande la sua forza, grande la sua pace, grande la sua santità.

In tutta la terra popoli del mondo, gridate la sua fedeltà.
Musica di festa, musica di lode, musica di libertà.

Agli occhi del mondo ha manifestato la sua salvezza.
Per questo si canti, per questo si danzi, per questo si celebri.
[*RITORNELLO*]
Con l'arpa e col corno, con timpani e flauti, con tutta la voce.
Canti di dolcezza, canti di salvezza, canti di immortalità.
[*RITORNELLO*]
I fiumi ed i monti, battono le mani, davanti al Signore.
La sua giustizia giudica la terra, giudica le genti.
[*RITORNELLO*]
Al Dio che ci salva, sia gloria in eterno. Amen Alleluia.
Gloria a Dio Padre, gloria a Dio Figlio, gloria a Dio Spirito.
[*RITORNELLO*]

Giotto, *Resurrezione* (particolare)
Padova, Cappella degli Scrovegni

Noel

Noel, noel, chiara luce del ciel; nella grotta divina è nato Gesù.

Noel (4v.), *insieme adoriamo il bimbo Gesù.*

Noel, noel, cantan gli angeli in ciel, sia pace in terra: è nato Gesù.
[*RITORNELLO*]
Noel, noel, le campane nel ciel, suonan liete e festose: è nato Gesù.
[*RITORNELLO*]

Noi canteremo gloria a te

1. Noi canteremo gloria a te, Padre che dai la vita, Dio di immensa carità, Trinità infinita.
2. La tua Parola venne a noi, annuncio del tuo dono, la tua promessa porterà salvezza e perdono.
3. Dio si è fatto come noi, è nato da Maria: egli nel mondo ormai sarà verità, vita e via.
4. Cristo è apparso in mezzo a noi, Dio ci ha visitato, tutta la terra adorerà quel bimbo che ci è nato.
5. Cristo il Padre rivelò, per noi aprì il suo cielo, egli un giorno tornerà glorioso nel suo regno.
6. Manda Signore in mezzo a noi, manda il Consolatore, lo spirito di santità, spirito dell'amore.
7. Vieni Signore in mezzo ai tuoi, vieni nella tua casa, dona la pace e l'unità, raduna la tua Chiesa.

Noi crediamo in te

Noi crediamo in te, o Signor. Noi speriamo in te, o Signor.
Noi amiamo te, o Signor. Tu ci ascolti, o Signor.
Noi cerchiamo te, o Signor. Noi preghiamo te, o Signor.
Noi cantiamo te, o Signor. Tu ci ascolti, o Signor.
Sei con noi, Signor, sei con noi. Nella gioia tu sei con noi.
Nel dolore tu sei con noi, tu per sempre sei con noi.
C'è chi prega, Signor: vieni a noi. C'è chi soffre, Signor: vieni a noi. C'è chi spera, Signor: vieni a noi. O Signore, vieni a noi.

Osanna eh

Osanna eh, osanna eh, osanna a Cristo Signor.
Osanna eh, osanna eh, osanna a Cristo Signor.

Santo, santo, osa - a - anna.
Santo, santo, osanna.
[*RITORNELLO*]
I cieli e la terra, o Signore, sono pieni di te.
I cieli e la terra, o Signore, sono pieni di te.
[*RITORNELLO*]
Benedetto colui che viene, nel nome tuo Signor.
Benedetto colui che viene, nel nome tuo Signor.
[*RITORNELLO*]

Osanna nelle altezze

Santo, santo, santo è il Signore.
Santo, santo, santo è il Signore Dio dell'universo.
I cieli e la terra sono pieni di te.
I cieli e la terra sono pieni di te della tua gloria.
Osanna, osanna, osanna nelle altezze.
Osanna, osanna, osanna nelle altezze.
Benedetto è colui che viene.
Benedetto è colui che viene nel nome del Signore.
Osanna, osanna, osanna nelle altezze. (2 v.)

Pane del cielo

Pane del cielo, sei tu Gesù. Via d'amore, tu ci fai come te.

No, non è rimasta fredda la terra;
tu sei rimasto con noi, per nutrirci di te,
pane di vita, ed infiammare col tuo Amore, tutta l'umanità.
[*RITORNELLO*]
Sì, il cielo è qui su questa terra.
Tu sei rimasto con noi, ma ci porti con te
nella tua casa dove vivremo insieme a te, tutta l'eternità.
[*RITORNELLO*]
No, la morte non può farci paura.
Tu sei rimasto con noi. E chi vive di te, vive per sempre.
Sei Dio con noi, sei Dio per noi, Dio in mezzo a noi.
[*RITORNELLO*]

Passa questo mondo

Noi annunciamo la parola eterna, Dio è amore.
Questa è la voce che ha varcato i tempi, Dio è carità.

Passa questo mondo, passano i secoli, solo chi ama non passerà mai.

Dio è luce, in lui non c'è la notte, Dio è amore.
Noi camminiamo lungo il suo sentiero, Dio è carità.
[*RITORNELLO*]
Noi ci amiamo perché lui ci ama, Dio è amore.
Egli per primo diede a noi la vita, Dio è carità.
[*RITORNELLO*]
Giovani forti avete vinto il male, Dio è amore.
In voi dimora la parola eterna, Dio è carità.
[*RITORNELLO*]

Preghiera di san Damiano

Ogni uomo semplice porta in cuore un sogno
con amore ed umiltà potrà costruirlo.
Se con fede tu saprai vivere umilmente
più felice tu sarai anche senza niente.
Se vorrai ogni giorno con il tuo sudore
una pietra dopo l'altra alto arriverai.
Nella vita semplice troverai la strada
che la pace donerà al tuo cuore puro
e le gioie semplici sono le più belle
sono quelle che alla fine sono le più grandi.
Dai e dai ogni giorno con il tuo sudore
una pietra dopo l'altra alto arriverai.

Quando busserò

Quando busserò alla tua porta,
avrò fatto tanta strada; avrò piedi stanchi e nudi,
avrò mani bianche e pure. (2v.)
O mio Signore.
Quando busserò alla tua porta,
avrò frutti da portare, avrò ceste di dolore,
avrò grappoli d'amore. (2v.)
O mio Signore.
Quando busserò alla tua porta,
avrò amato tanta gente, avrò amici da ritrovare,
e nemici per cui pregare. (2v.)
O mio Signore.

Resta con noi Signore

Resta con noi Signore la sera. Resta con noi e avremo la pace.

Resta con noi, non ci lasciar, la notte mai più scenderà.
Resta con noi, non ci lasciar, per le vie del mondo Signor.

Ti porteremo ai nostri fratelli, ti porteremo lungo le strade.
[*RITORNELLO*]
Voglio donarti queste mie mani, voglio donarti questo mio cuore.
[*RITORNELLO*]

Salve Regina

Salve Regina, Madre di misericordia. Vita, dolcezza, speranza nostra salve! Salve Regina!
A te ricorriamo, esuli figli di Eva. A te sospiriamo, piangenti, in questa valle di lacrime.
Avvocata nostra, volgi a noi gli occhi tuoi, mostraci dopo questo esilio il frutto del tuo seno Gesù.
Salve Regina, Madre di misericordia. O clemente, o pia, o dolce Vergine Maria, salve Regina!
Salve Regina, salve, salve!

Santo

Santo il Signore Dio dell'universo, i cieli e la terra son pieni della tua gloria.
Osanna nell'alto dei cieli e benedetto colui che viene nel nome del Signore, osanna nell'alto dei cieli.
È santo, santo, santo il Signore della vita.
È santo, santo, santo il Signore della storia,
nel cielo e sulla terra risplende la sua gloria.
Osanna, osanna, osanna nel cielo sconfinato.
Osanna, osanna, osanna nel canto del creato.
E sia benedetto colui che viene in nome di Dio. (2v.)

Santa Maria del cammino

Mentre trascorre la vita, solo tu non sei mai:
Santa Maria del cammino sempre sarà con te.

Vieni, o Madre, in mezzo a noi, vieni Maria quaggiù.
Cammineremo insieme a te, verso la libertà.

Quando qualcuno ti dice: "Nulla mai cambierà",
lotta per un mondo nuovo, lotta per la verità.
[*RITORNELLO*]
Lungo la strada la gente chiusa in se stessa va,
offri per primo la mano a chi è vicino a te.
[*RITORNELLO*]
Quando ti senti ormai stanco e sembra inutile andar,
tu vai tracciando un cammino, un altro ti seguirà.
[*RITORNELLO*]

Su ali d'aquila

Tu che abiti al riparo del Signore, e che dimori alla sua ombra:
dì al Signore mio rifugio, mia roccia in cui confido.

E ti rialzerà, ti solleverà su ali d'aquila, ti reggerà sulla brezza dell'alba, ti farà brillar come il sole, così nelle sue mani vivrai.

Dal laccio del cacciatore ti libererà,
e dalla carestia che distrugge.
Poi ti coprirà con le sue ali e rifugio troverai.
[*RITORNELLO*]

Non devi temere i terrori della notte, né freccia che vola di giorno. Mille cadranno al tuo fianco, ma nulla ti colpirà.
[*RITORNELLO*]
Perché ai suoi angeli ha dato un comando,
di preservarti in tutte le tue vie.
Ti porteranno sulle loro mani, contro la pietra non inciamperai.
[*RITORNELLO*]
E ti rialzerò ti solleverò su ali d'aquila, ti reggerò sulla brezza dell'alba, ti farò brillar come il sole, così nelle mie mani vivrai.

T'adoriamo Ostia divina

T'adoriamo Ostia divina, t'adoriamo Ostia d'amor.
Tu degli angeli il sospiro, tu dell'uomo sei l'onor.
[*RITORNELLO*]
Tu dei forti la dolcezza, tu dei deboli il vigor.
[*RITORNELLO*]
Tu salute dei viventi, tu speranza di chi muor.
[*RITORNELLO*]
Ti conosca il mondo e t'ami, tu la gioia d'ogni cuor.
[*RITORNELLO*]
Ave, o Dio nascosto e grande, tu dei secoli il Signor.
[*RITORNELLO*]

Tu scendi dalle stelle

Tu scendi dalle stelle o re del cielo, e vieni in una grotta al freddo, al gelo. O bambino mio divino io ti vedo qui a tremar, o Dio beato: ah, quanto ti costò l'avermi amato!
A te che sei del mondo il creatore, mancano panni e fuoco o mio Signore. Caro eletto pargoletto, quanto questa povertà, più m'innamora, giacché ti fece amor, povero ancora!
Tu lasci del tuo Padre il divin seno, per venire a penar su questo fieno. Dolce amore del mio cuore, dove amor ti trasportò.
O Gesù mio, perché tanto patir per amor mio?!
Ma se fu tuo volere il tuo patire, perché vuoi pianger poi, perché vagire? Sposo mio amato Dio, mio Gesù, t'intendo sì.
Ah mio Signore, tu piangi non per duol, ma per amore.
Tu piangi per vederti da me ingrato, dopo sì grande amor, sì poco amato. O diletto del mio petto, se già un tempo fu così, or te sol bramo. Caro non pianger più, ch'io t'amo, io t'amo.
Tu dormi, o Gesù mio, ma intanto il cuore, non dorme no, ma veglia a tutte l'ore. Deh mio bello e puro agnello.
A che pensi dimmi tu? O amore immenso,
"A morire per te", rispondi, io penso.
Dunque a morir per me tu pensi o Dio. E che altro, fuor di te, amar poss'io? O Maria, speranza mia, se poc'amo il tuo Gesù,
non ti sdegnare. Amalo tu per me, s'io nol so amare.

Tu sei la mia vita (Symbolum '77)

Tu sei la mia vita altro io non ho,
tu sei la mia strada la mia verità
nella tua parola io camminerò
finché avrò respiro fino a quando tu vorrai:
non avrò paura sai se tu sei con me, io ti prego resta con me.
Credo in te Signore nato da Maria,
Figlio eterno e santo, uomo come noi
morto per amore vivo in mezzo a noi:
una cosa sola con il Padre e con i suoi,
fino a quando, io lo so, tu ritornerai per aprirci il regno di Dio.
Tu sei la mia forza altro io non ho,
tu sei la mia pace, la mia libertà.
Niente nella vita ci separerà,
so che la tua mano forte non ci lascerà
so che da ogni male tu ci libererai e nel tuo perdono vivrò.

Uomo di Galilea

Uomo di Galilea che passando vai...
Ti prego di toccarmi... e guarito io sarò.
Uomo di Galilea che passando vai...
Ti prego di guidarmi... e la mia strada troverò.
Uomo di Galilea che passando vai...
Ti prego di parlarmi... e la mia vita cambierà.
Uomo di Galilea che passando vai...
Ti prego di liberarmi... e il mio cuore gioirà.
Uomo di Galilea che passando vai...
Ti prego di donarmi... il tuo spirito d'amor.

◇ Catechismo

Giotto, *Cacciata dei mercanti dal tempio* (particolare)
Padova, Cappella degli Scrovegni

Verità principali della fede

I due misteri principali della fede

1. Unità e Trinità di Dio.
2. Incarnazione, Passione, Morte e Risurrezione di Gesù Cristo.

I sette sacramenti

1. **Battesimo**
   Il primo dei sette sacramenti che cancella il peccato originale e permette di diventare membro della Chiesa, figlio di Dio, erede del paradiso.
2. **Cresima o Confermazione**
   È il sacramento che conferma gli effetti del Battesimo e perciò è definita anche Confermazione.
3. **Eucaristia**
   Sacramento con cui Gesù, attraverso il ministero sacerdotale, si rende sostanzialmente presente con il suo corpo, con il suo sangue e con la sua divinità sotto le specie del pane e del vino, per offrirsi al Padre e per essere il cibo spirituale dei fedeli.
4. **Penitenza o Riconciliazione**
   Gesù ha istituito questo sacramento perché possano essere assolti i peccati commessi dopo il Battesimo; è anche detto sacramento della Confessione o della Riconciliazione.
5. **Unzione degli infermi**
   Unzione degli infermi o Estrema Unzione è il Sacramento che può essere ricevuto non solo in punto di morte, ma anche più volte nella stessa malattia e che si dà ad anziani e malati come refrigerio spirituale.
6. **Ordine sacro**
   È il sacramento con cui si conferisce ad una persona il diaconato o il presbiterato o l'episcopato per il culto divino e per il servizio pastorale dei fedeli.
7. **Matrimonio**
   È il sacramento con cui la Chiesa Cattolica attribuisce carattere sacro all'unione di un uomo e di una donna.

I sette doni dello Spirito Santo

1. **Sapienza**
   Nel linguaggio biblico è il possesso di saggezza, prudenza, di buon senso e conformità al divino insegnamento che si traduce nelle pratiche della vita.
2. **Intelletto**
   È il possesso e la facoltà con cui si comprendono e si formulano le idee e i loro mutui rapporti.
3. **Consiglio**
   È il dono del senno, della saggezza, della avvedutezza che permette di decidere e giudicare.
4. **Fortezza**
   È il dono attraverso cui lo Spirito Santo perfeziona la virtù e fortifica la volontà.
5. **Scienza**
   Consiste nella capacità di comprendere le cose naturali nella loro relazione con Dio.
6. **Pietà**
   Consiste nella capacità di sviluppare e perfezionare la virtù della giustizia.
7. **Timore di Dio**
   Consiste nella sottomissione e riverenza fiduciosa dell'uomo verso Dio.

Le tre virtù teologali

1. **Fede**
   Virtù teologale per cui si crede in Dio e in quanto Egli rivela e la Chiesa insegna.
2. **Speranza**
   Virtù che concede all'uomo la speranza della visione beatifica di Dio e dell'eterna salvezza.
3. **Carità**
   Virtù per cui si ama Dio al di sopra di ogni cosa e si ama il prossimo come se stesso, secondo il precetto evangelico.

Le quattro virtù cardinali

1. **Prudenza**
   Virtù per cui si riconosce il bene dal male e lo si opera e che costituisce uno degli attributi di Dio.

2. **Giustizia**
   Virtù attraverso cui si riconosce e si opera il bene.

3 **Fortezza**
   È il dono attraverso cui lo Spirito Santo perfeziona la virtù e foritfica la volontà.

4. **Temperanza**
   È la virtù morale che permette di dominarsi e di non eccedere nel soddisfacimento dei bisogni e dei desideri naturali.

I quattro novissimi

1. **Morte**
   Termine delle nostra esistenza biologica, mentre la storia delle nostra vita assume dinanzi a Dio la sua forma completa e irreversibile.

2. **Giudizio**
   È concepito come il termine del ritorno di Cristo per giudicare i suoi nemici e far partecipare i fedeli d'ogni tempo alla sua gloria.

3. **Inferno**
   Nella concezione cristiana, luogo di dannazione e di eterno dolore per le anime dei peccatori non pentiti.

4. **Paradiso**
   Nella concezione cristiana, luogo di beatitudine eterna riservato da Dio alle anime dei giusti come premio del loro comportamento terreno.

Norme di vita cristiana

I dieci comandamenti di Dio o Decalogo

Io sono il Signore Dio tuo:

1. Non avrai altro Dio fuori di me.
2. Non nominare il nome di Dio invano.
3. Ricordati di santificare le feste.
4. Onora il padre e la madre.
5. Non uccidere.
6. Non commettere atti impuri.
7. Non rubare.
8. Non dire falsa testimonianza.
9. Non desiderare la donna d'altri.
10. Non desiderare la roba d'altri.

I due precetti della carità

1. Amerai il Signore Dio tuo, con tutto il cuore, con tutta l'anima e con tutta la tua mente.
2. Amerai il prossimo tuo come te stesso.

Le beatitudini evangeliche

1. Beati i poveri nello spirito, perché di essi è il regno dei cieli.
2. Beati i miti, perché possederanno la terra.
3. Beati coloro che piangono, perché saranno consolati.
4. Beati coloro che hanno fame e sete di giustizia, perché saranno saziati.
5. Beati i misericordiosi, perché otterranno misericordia.
6. Beati i puri di cuore, perché vedranno Dio.
7. Beati gli operatori di pace, perché saranno chiamati figli di Dio.
8. Beati i perseguitati a causa della giustizia, perché di essi è il regno dei cieli.

I cinque precetti generali della Chiesa

1. Partecipare alla Messa domenicale e le altre feste di precetto.
2. Santificare i giorni di penitenza, come dispone la Chiesa.
3. Confessarsi almeno una volta all'anno e comunicarsi almeno nel periodo pasquale.
4. Soccorrere alle necessità della Chiesa, contribuendo secondo le leggi e le usanze.
5. Non celebrare solennemente le nozze nei tempi proibiti (quaresima e avvento).

Le sette opere di misericordia corporale

1. Dar da mangiare a chi ha fame.
2. Dar da bere a chi ha sete.
3. Dare vesti a chi ne ha bisogno.
4. Alloggiare chi non ha casa.
5. Visitare ed assistere gli ammalati e chi è solo.
6. Visitare i carcerati e aiutare gli handicappati.
7. Partecipare al funerale dei fedeli defunti.

Le sette opere di misericordia spirituale

1. Consigliare i dubbiosi.
2. Insegnare a chi non sa.
3. Ammonire chi sbaglia.
4. Consolare gli afflitti.
5. Perdonare le offese ricevute.
6. Sopportare con pazienza le persone moleste.
7. Pregare Dio per i vivi e suffragare i fedeli defunti.

I sette vizi capitali

1. **Superbia**
   Consiste nel nutrire un concetto così alto di sé da negare la propria condizione di creatura di Dio.
2. **Avarizia**
   Attaccamento eccessivo a ciò che si possiede.
3. **Lussuria**
   È l'opposto della temperanza, e cioè l'eccesso nel soddisfacimento dei bisogni e dei desideri naturali.
4. **Ira**
   Violento e smodato desiderio di vendetta.
5. **Gola**
   Eccessivo desiderio di mangiare e di bere.
6. **Invidia**
   Consiste nel dolore per il bene altrui.
7. **Accidia (ozio)**
   Consiste nell'estrema indolenza nell'operare il bene.

I sei peccati contro lo Spirito Santo

1. Disperare della salvezza eterna.
2. Presumere di salvarsi senza merito.
3. Impugnare la verità conosciuta.
4. Invidia della grazia altrui.
5. Ostinarsi nei peccati.
6. Impenitenza finale.

I quattro peccati che offendono maggiormente Dio

1. Omicidio, suicidio, aborto volontario.
2. Peccato impuro contro natura.
3. Oppressione dei poveri.
4. Frode nella paga agli operai.

Giotto, *Compianto sul Cristo morto* (particolare)
Padova, Cappella degli Scrovegni

◇ Linguaggio scritturale

Giotto, *Natività* (particolare)
Padova, Cappella degli Scrovegni

Alleanza
Nella Bibbia, il patto fatto da Dio con il popolo d'Israele.

Alleluia
Esclamazione di gioia e lode di Dio; canto di acclamazione prima della lettura del Vangelo.

Antico Testamento
(o Vecchio Testamento), parte della Bibbia che si riferisce ai tempi prima della venuta di Cristo.

Antisemitismo
Atteggiamento ostile verso gli ebrei.

Apocalisse
Ultimo libro del Nuovo Testamento, scritto da San Giovanni Evangelista, che parla del destino dell'umanità e della fine del mondo.

Apocrifo
Detto di libro che narra fatti della vita di Cristo e dei suoi insegnamenti non riconosciuto come canonico del Nuovo Testamento.

Ascetismo
Complesso delle pratiche di vita che tendono all'elevazione spirituale e al distacco dal mondo attraverso digiuno, isolamento, meditazione e preghiera.

Ateismo
Negazione dell'esistenza di Dio.

Atti degli Apostoli
Quinto libro del Nuovo Testamento, scritto dall'evangelista Luca, che descrive le vicende degli apostoli dopo la morte e la resurrezione di Cristo.

Beatitudine
Ciascuna delle frasi con le quali Gesù enuncia le condizioni che rendono l'uomo pienamente felice e che fanno parte del Discorso della Montagna.

Bibbia
La traduzione e l'ampliamento del complesso dei libri sacri dell'ebraismo insieme ai quattro Vangeli, agli Atti degli Apostoli, alle Epistole e all'Apocalisse.

Canone
L'insieme dei libri che si ritengono come rivelazione, sacri, autentici e assolutamente fondamentali.

Carisma
Dono dello Spirito Santo a un credente, come la virtù profetica, l'infallibilità o il parlare in lingue diverse, per il bene della comunità.

Catechesi
L'insegnamento, generalmente svolto oralmente, dei principi fondamentali della religione cristiana.

Culto
Manifestazione di riverenza verso la divinità; fede religiosa; insieme dei riti di una religione.

Deuteronomio
Titolo del quinto libro del Pentateuco in cui sono riportati i discorsi di Mosè che contengono i principi generali della vita religiosa e sociale e le leggi regolatrici della nuova società ebraica dopo l'insediamento in Palestina.

Dottrina
L'insieme dei principi fondamentali della religione cristiana.

Ecumenismo
Tendenza postconciliare della chiesa cattolica e di molte chiese cristiane che mira a dare valore a motivi spirituali presenti in tutte le religioni; movimento che promuove l'unione delle chiese cristiane.

Epistola
Un brano delle lettere degli Apostoli, letto durante la messa.

Esegesi
Studio e interpretazione critica di testi sacri.

Esodo
Titolo del secondo libro del Pentateuco che narra dell'uscita dall'Egitto del popolo ebraico, condotto da Mosè verso la terra promessa.

Evangelista
Giovanni, Luca, Marco, Matteo – gli autori dei quattro Vangeli canonici.

Genesi
Titolo del primo libro del Pentateuco che narra le origini del mondo e la creazione dell'uomo.

Idolatria
In ambito biblico, ogni culto pagano.

Ispirazione
Impulso illuminante operato da Dio sulla mente umana.

Levitico
Titolo del terzo libro del Pentateuco che tratta i doveri e gli uffici dei ministri del tempio, scelti tra gli appartenenti alla tribù di Levi.

Liturgia
Il complesso delle norme e delle prescrizioni relative a riti o cerimonie che caratterizzano un culto religioso; l'insieme di queste cerimonie.

Mariologia
Parte della teologia cattolica che tratta di Maria e del culto a lei tributato.

Messia
Gesù Cristo, poiché prescelto e inviato da Dio come redentore dell'umanità; nell'Antico Testamento, l'eletto, mandato da Dio a soccorrere il popolo d'Israele.

Miracolo
Fatto straordinario che è fuori delle leggi di natura, operato da Dio per manifestare la sua potenza e la sua misericordia.

Mistero
Verità soprannaturale non conosciuta mediante l'intelligenza umana, ma comunicata all'uomo grazie alla rivelazione divina. Viene proposta come oggetto di fede.

Misticismo
Religiosità profonda che aspira a distaccarsi dalle cose terrene.

Monoteismo
Dottrina che afferma l'esistenza di un solo Dio.

Neopaganesimo
Tendenza della società di oggi ad allontanarsi dai principi etici e religiosi e a mettere in primo piano i valori materiali, richiamandosi ad alcuni aspetti del mondo pagano.

Numeri
Titolo del quarto libro del Pentateuco in cui si riportano dati relativi a censimenti della popolazione israelitica.

Nuovo Testamento
Insieme dei testi biblici che narrano la vita di Cristo e i suoi insegnamenti.

Osanna
Espressione per lodare e salutare Dio.

Padre della Chiesa
Ciascuno degli scrittori dei primi secoli che definirono le dottrine basilari del Cristianesimo.

Paganesimo
Insieme delle religioni, delle credenze e dei culti politeistici, in antitesi con il cristianesimo e il giudaismo che sono monoteistici; atteggiamento che valorizza la vita terrena e rifiuta l'ascetismo.

Parabola
Ciascuno dei brevi racconti di Cristo, usati per spiegare verità di fede o insegnamenti morali attraverso esempi tratti dalla vita quotidiana.

Patriarca
Nell'Antico Testamento, progenitore del popolo ebraico.

Pentateuco
Il complesso dei primi cinque libri dell'Antico Testamento, ispirati da Dio a Mosè, cioè Genesi, Esodo, Levitico, Numeri, Deuteronomio.

Politeismo
Forma di religione caratterizzata da più dei.

Profeta
Chi prevede e predice avvenimenti futuri, parlando per ispirazione divina.

Provvidenza
Ordine attraverso il quale Dio protegge la creazione, guidando lo sviluppo della storia.

Rabbino
Capo spirituale di una comunità ebraica; dottore della legge ebraica.

Rivelazione
Manifestazione di verità di fede da Dio all'uomo.

Soprannaturale
Che appartiene alla sfera del divino e perciò inspiegabile in base a forze o procedimenti della natura.

Teismo
Ogni dottrina che ammette un dio unico e trascendente.

Teologia
Scienza che studia la natura di Dio e delle cose divine.

Trascendenza
La condizione o la proprietà di ciò che è al di sopra della realtà sensibile.

Vangelo
Ciascuno dei primi quattro libri del Nuovo Testamento scritti dai quattro evangelisti, Giovanni, Luca, Marco e Matteo, che tramandano il racconto della vita di Gesù Cristo e il messaggio della redenzione.

Giotto, *Compianto sul Cristo morto* (particolare)
Padova, Cappella degli Scrovegni

◇ Organizzazione gerarchica

Giotto, *Bacio di Giuda* (particolare)
Padova, Cappella degli Scrovegni

1. Il Papa

Vescovo di Roma | Vicario di Gesù Cristo | Successore del principe degli apostoli | Sommo Pontefice della Chiesa Universale | Patriarca dell'Occidente | Primate d'Italia | Arcivescovo e metropolita della Provincia Romana | Sovrano dello Stato della Città del Vaticano |

Canonizzazione
Solenne cerimonia religiosa in cui il Papa proclama santo un beato.

Concilio
Assemblea di vescovi riuniti per discutere questioni che riguardano la fede, i costumi e la disciplina del clero. Viene chiamato concilio ecumenico o universale quando si riuniscono tutti i vescovi della Chiesa per definire questioni di fondamentale importanza.

Conclave
Luogo chiuso dove si riuniscono i cardinali per eleggere un nuovo papa tramite una votazione segreta che richiede la maggioranza dei due terzi. Una fumata bianca segnala ai fedeli l'esito positivo delle votazioni.

Curia romana
L'insieme dei dicasteri di cui il pontefice si avvale per trattare gli affari riguardanti la Chiesa.

Dogma
Verità contenuta nella rivelazione, proposta come obbligatoria alla fede universale e dichiarata tale da concili ecumenici o dal Sommo Pontefice.

Eresia
Dottrina contraria ai dogmi e ai principi della Chiesa cattolica.

Infallibilità
Il papa è infallibile, cioè non può sbagliare, quando fa dichiarazioni ex cathedra in materia di fede e di morale.

Primato
Posizione di supremazia che gode il Papa sugli altri vescovi, in quanto capo della Chiesa.

Santità
Titolo reverenziale con il quale ci si rivolge al Papa: Sua Santità ...

Scisma
Separazione di una comunità di fedeli dalla Chiesa a causa di ragioni dottrinali o disaccordo con la gerarchia.

Scomunica
Pena che esclude chi ne viene colpito dai sacramenti e dalla partecipazione al culto dei fedeli.

Setta
Gruppo di persone che segue una dottrina che per aspetti dottrinali o pratici si allontana da quella professata dai più.

Simonia
Peccato gravissimo commesso da chi pratica commercio di cose spirituali.

Vaticano
Sede del Papa e della curia pontificia, chiamata anche la Santa Sede.

2. I cardinali

Cardinale
Alto prelato della Chiesa cattolica, nominato dal Papa. Collabora con lui e lo consiglia nel governo della Chiesa. Sono i cardinali che hanno il diritto di eleggere un nuovo Papa.
Porta croce al collo e anello all'anulare della mano destra: indossa talare nera con finiture (zucchetto e fascia) colore rosso vivo.
Eminenza è il titolo reverenziale con cui ci si rivolge a un cardinale.

Diaconia
Titolo e ufficio talvolta attribuito ai cardinali.

Sacro Collegio
L'insieme dei cardinali quando si riuniscono per esercitare le loro funzioni.

3. I vescovi

Vescovo
Prelato nominato dal Papa che governa una comunità ecclesiale chiamata diocesi.
Porta croce al collo e anello all'anulare della mano destra: indossa talare nera con finiture (zucchetto e fascia) colore viola.
Eccellenza è il titolo reverenziale con cui ci si rivolge a un vescovo

Arcivescovo
Vescovo titolare di una diocesi metropolitana, cioè di una diocesi principale di una provincia ecclesiastica. Porta croce al collo e anello all'anulare della mano destra: indossa talare nera

Collegialità
Carattere del governo della Chiesa cattolica postconciliare, che conferisce al Collegio dei vescovi presieduto dal Papa piena autorità sulla Chiesa.

Diocesi
Circoscrizione territoriale sotto la giurisdizione pastorale di un vescovo.

Sinodo diocesano
Riunione, indetta dal vescovo, del clero di una diocesi.

Vescovado
o vescovato, edificio in cui risiede il vescovo; ufficio di vescovo in relazione alla dignità o alla durata.

4. I parroci

Parroco
Sacerdote a cui il vescovo ha affidato l'amministrazione di una parrocchia.

Canonica
Abitazione del parroco, generalmente vicino alla chiesa.

Parrocchia
La più piccola circoscrizione ecclesiastica che fa parte di una diocesi; anche la chiesa e l'edificio in cui il parroco svolge la sua funzione pastorale.

5. Gli ordini religiosi

Ordine religioso
Organizzazione religiosa ufficialmente riconosciuta dall'autorità ecclesiastica, fondata su precisi precetti e regole di vita comune. Fra gli ordini religiosi più noti: gli Agostiniani, i Benedettini, i Carmelitani, la Compagnia di Gesù (i Gesuiti), i Domenicani, i Francescani.

Abbazia
Comunità di religiosi indipendente dalla diocesi; l'insieme degli edifici e dei terreni in cui vive tale comunità.

Badessa
Superiora di un convento di monache.

Chiostro
Cortile porticato che si trova all'interno di conventi, abbazie, e simili; il convento stesso; la vita monastica; la clausura.

Clausura
Regola che limita drasticamente i contatti con il mondo esterno. Alcuni ordini religiosi vivono secondo questa regola e perciò vivono in clausura.

Convento
Edificio dove vivono i religiosi.

Frate
Membro di un ordine religioso mendicante che ha fatto voto di castità, povertà e obbedienza.

Monaco/a
Chi si dedica alla preghiera e alla contemplazione, impegnandosi ad osservare una regola.

Monastero
Edificio o complesso di edifici dove vivono i monaci o le monache.

Priore
Superiore di una comunità religiosa, specialmente monastica.

Regola
Insieme di norme e di obblighi fondamentali che organizzano la vita di un ordine religioso.

Suora
Religiosa che fa parte di un ordine e che ha pronunciato i voti.

6. Sacerdoti

Sacerdote
o presbitero. Appartenente alla gerarchia ecclesiastica che ha ricevuto il sacramento dell'ordine e, perciò, in nome di Cristo, può amministrare i sacramenti e guidare una comunità di fedeli.

Apostolato
Opera che consiste nella diffusione di verità religiose e dottrine morali.

Apostolo
Ognuno dei dodici discepoli mandati da Cristo a predicare il vangelo.

Celibato
Condizione dell'uomo non sposato. Il celibato ecclesiastico viene osservato a livello di regola e voto dai sacerdoti cattolici.

Clero
Il complesso degli ecclesiastici con il compito di amministrare i sacramenti e di guidare spiritualmente i fedeli.

Diaconato
Ordine gerarchico che precede l'ordinazione sacerdotale.

Laico
Credente che non appartiene allo stato ecclesiastico e di conseguenza non ha alcun grado gerarchico.

Ministero
Missione, compito del sacerdote.

Missionario
Ecclesiastico o laico che diffonde la fede e fa opera assistenziale presso popolazioni non cristiane.

Prete
Sacerdote secolare che lavora nella diocesi. Il clero secolare è composto da sacerdoti che svolgono la loro attività sotto l'autorità del vescovo, che fanno allora parte di una diocesi. Il clero regolare indica i sacerdoti membri di ordini religiosi e che seguono precise regole di vita.

Giotto, *Compianto sul Cristo morto* (particolare)
Padova, Cappella degli Scrovegni

◇ Feste principali

Giotto, *Le nozze di Cana* (particolare)
Padova, Cappella degli Scrovegni

Feste fisse

1° Gennaio — Capodanno, Maria SS.ma Madre di Dio.

6 Gennaio — Epifania del Signore. La visita dei tre magi alla grotta di Betlemme per adorare il Bambino Gesù. In Italia, questa festa viene chiamata anche la festa della Befana e segna la fine delle feste natalizie. Un detto popolare: L'Epifania tutte le feste porta via.

19 Marzo — San Giuseppe sposo di Maria.

25 Marzo — Annunciazione. L'arcangelo Gabriele annuncia a Maria Vergine che avrebbe dato alla luce il Figlio di Dio. Da questo momento comincia l'incarnazione di Cristo che assume la natura umana per la redenzione del genere umano dal peccato originale.

1° Maggio — Festa di **San Giuseppe artigiano,** nota anche come festa del lavoro.

13 Giugno — Sant'Antonio da Padova.

29 Giugno — San Pietro e Paolo.

6 Agosto — Trasfigurazione del Signore. Gesù appare in tutta la sua divina bellezza e splendore, con Mosè ed Elia, ai suoi discepoli Pietro, Giacomo e Giovanni, sul monte Tabor.

15 Agosto — Assunzione al cielo di Maria Vergine. In Italia è anche una festività nota come ferragosto.

8 Settembre — Natività della Beata Vergine Maria.

4 Ottobre — San Francesco d'Assisi, patrono d'Italia.

1° Novembre — Ognissanti.

2 Novembre — Commemorazione dei defunti, si ricordano le persone morte.

8 Dicembre — Immacolata Concezione, la festa della Madonna concepita senza peccato originale.

25 Dicembre — Natale, la nascita di Gesù a Betlemme. In Italia è molto viva la tradizione del presepio (o presepe) con le statuine della natività.

Feste mobili

Febbraio/Marzo — Subito dopo Carnevale, inizia il periodo della **Quaresima,** un periodo di quaranta giorni in cui si fa penitenza, in preparazione della Pasqua. La quaresima ha inizio il **Mercoledì delle Ceneri** e termina il **Giovedì Santo.** Nel periodo quaresimale, i cristiani digiunano e si astengono dal mangiare carne, almeno il primo giorno di quaresima e il venerdì santo.

Marzo/Aprile — Il periodo pasquale comincia la domenica prima della settimana santa, con la **Domenica delle Palme** che ricorda l'ingresso di Gesù osannato a Gerusalemme.
Il **Giovedì Santo** commemora l'istituzione del sacramento dell'eucaristia, il **Venerdì Santo** la passione, la crocifissione e la morte di Gesù Cristo.
Segue la **Vigilia di Pasqua** e chiude la **Pasqua** con la resurrezione di Cristo.
Pasquetta o **Lunedì dell'Angelo** è il lunedì successivo alla Pasqua, tradizionalmente festeggiato con gite in compagnia di amici e parenti. Infatti c'è il proverbio: Natale coi tuoi, Pasqua con chi vuoi.

Maggio — La festa dell'**Ascensione del Signore** ricorda la salita di Gesù Cristo in cielo dopo la Resurrezione. Questo evento viene celebrato quaranta giorni dopo la Pasqua. La domenica che segue l'Ascensione, si celebra la festa di **Pentecoste,** con la discesa dello Spirito Santo sugli Apostoli e sulla Vergine, riuniti nel cenacolo.

Giugno — Corpus Domini ricorre tre settimane dopo l'Ascensione ed è una festa che celebra la presenza del corpo e sangue di Cristo nel sacro sacramento dell'eucaristia.

Novembre/Dicembre — L'**Avvento** è un periodo di quattro settimane che precede la festa di Natale. Come la Quaresima, anche l'Avvento è un periodo di preparazione, per la venuta di Dio fatto uomo. L'ultima domenica dell'anno, cioè la domenica dopo Natale, è dedicata alla **Sacra Famiglia.**

◇ Oggettistica sacra

Giotto, *Santo Stefano* (particolare)
Firenze, Museo Horne

patena

leggio

teca eucaristica

calice

ostensorio

campanelli

ampolline

patena offertoriale

turibolo

navetta

secchiello

cero pasquale

fonte battesimale

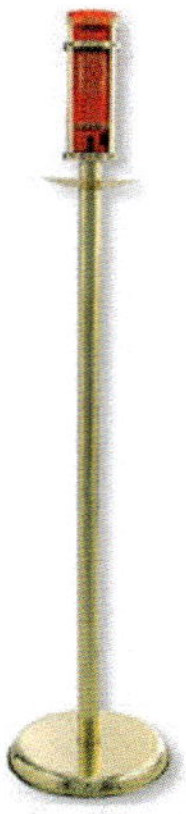
lampade Santissimo

asperges/
aspersorio

vino bianco

pisside con calicino

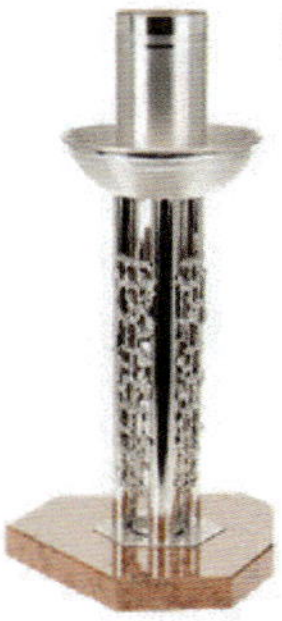
portacero

purificatoio

manutergio

corporale

palla

casula

colore rosso

casula

colore verde

casula

colore viola

casula

colore bianco

dalmatica

colore rosso

dalmatica

colore verde

dalmatica

colore viola

dalmatica

tabernacolo

stole sacerdotali

stole diaconali

cingoli

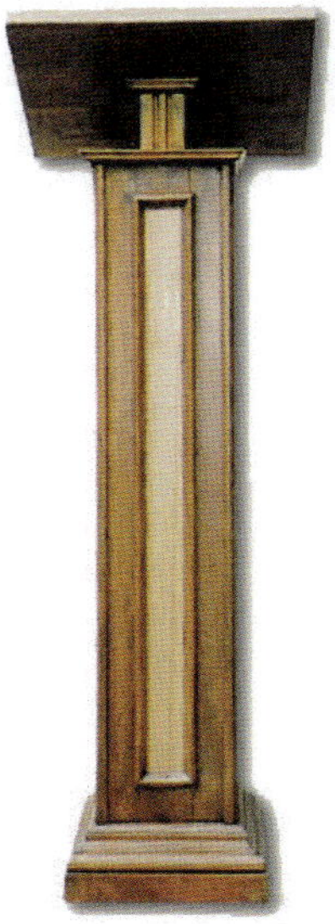
ambone

copriambone

cotta

piviale

camice

veste talare

camicia per talare

camicia collo romano

camicia clergy

zucchetto

tricorno

mitra

fascia

saturno

◇ Glossario essenziale

Giotto, *Flagellazione* (particolare)
Padova, Cappella degli Scrovegni

abbazia → abbey
alleanza → alliance
alleluia → hallelujah
altare → altar
altare maggiore → high altar
ambone → ambo, lectern
ampolline → cruets
Antico Testamento → Old Testament
antisemitismo → antisemitism
Apocalisse → Apocalypse
apocrifo → apocryphal
apostolato → apostolate
apostolo → apostle
arcivescovo → archbishop
ascetismo → asceticism
asperges (aspersorio) → aspergillum, sprinkler
ateismo → atheism
Atti degli Apostoli → Acts of the Apostles

badessa → abbess
beatitudine → beatitude
Bibbia → Bible

calice → chalice
camice → surplice
campanello → hand-bell
candela → candle
candeliere → candlestick
canone → Church law, Eucharistic prayer
canonica → priest's house
canonizzazione → canonization
cardinale → cardinal
carisma → charisma
casule → chasuble
catechesi → teaching of catechism or of religious points
celibato → celibacy
cero pasquale → Easter candle
chiostro → cloister
cingolo (cordone) → cordon, cincture
clergy → clerical dress as in Anglo-Saxon countries
clero → clergy
collegialità → collegiality
collo romano → Roman collar
concilio → general council of the Church
conclave → conclave
convento → convent, monastery
copriambone → ambo/lectern cover
corporale → corporal
cotta → short surplice
culto → cult
curia romana → Papal Court, Holy See

dalmatica → dalmatic, sleeved liturgical vestment
Deuteronomio → Deuteronomy
diaconato → diaconate
diacono → deacon
diaconia → diaconate
diocesi → diocese
dogma → dogma
dottrina → doctrine

ecumenismo → ecumenism
epistola → epistle
eresia → heresy
esegesi → exegesis, interpretation
Esodo → Exodus
evangelista → evangelist

fascia → waist band
fonte battesimale → baptismal font
frate → friar

Genesi → Genesis

idolatria → idolatry
infallibilità → infallibility
ispirazione → inspiration

laico → layman
lampada santissimo → lamp of the Blessed Sacrament
leggio → lectern
Levitico → Leviticus
liturgia → liturgy

manutergi → hand towel
Mariologia → section of Catholic Theology that deals with Mary and the worship related to her
Messia → Messiah
ministero → office, ministry
miracolo → miracle
mitria (mitra) → mitre
missionario → missionary
mistero → mystery
misticismo → mysticism
monoteismo → monotheism

navetta → incense vessel (often called "navetta")
neopaganesimo → neo-paganism
Numeri → Numbers
Nuovo Testamento → New Testament

ordine religioso → religious order
osanna → hosanna
ostensorio → monstrance
ostia magna → large altar bread

palla → pall
Padri della Chiesa → Fathers of the Church
paganesimo → paganism
Papa → Pope
parabola → parable
parrocchia → parish
parroco → parish priest
particola (ostia) → host
patena → paten
patriarca → patriarch
Pentateuco → Pentateuch, the first five books of the Old Testament
pisside → pyx
piviale → cope, a long semicircular vestment worn by priests in processions
politeismo → polytheism
portacero → candlestick
prete → priest
primato → primacy, supremacy,
priore → prior
profeta → prophet
provvidenza → providence
purificatore → purificator (to clean chalice and paten)

rabbino → rabbi, master of Hebrew law
regola → code of practice and discipline for a religious community
rivelazione → revelation

sacerdote → priest
sacro collegio → college of cardinals
santità → holiness
scisma → schism
scomunica → excommunication
secchiello → holy water bucket
setta → sect
simonia → simony
sinodo → synod
soprannaturale → supernatural
stola → stole
suora → nun

tabernacolo → tabernacle
talare → cassock
teca → case
teismo → theism
teologia → theology
tovaglia → altar cloth
trascendenza → transcendence
tricorno → three-cornered hat
turibolo → thurible, censer

Vangelo → Gospel
vaso fiori → vase for flowers
Vaticano → Vatican
vescovado → episcopate, bishop's palace
vescovo → bishop
vino → wine

zucchetto → skull-cap

Indice